AF248136

RAPPORT
du Bureau et du Comité Exécutif
SUR L'EXERCICE 1910-1911
présenté par M. F. LEFRANC, vice-président du Comité Exécutif

La présidence de M. Emile Combes et l'union des républicains

L'an dernier, au Congrès de Rouen, le Parti radical et radical-socialiste a indiqué, dans un ordre du jour qui eut un grand retentissement, sa résolution « de ne pas changer les méthodes de gouvernement qui ont assuré le succès de la République laïque, démocratique et sociale » ; et il a, peut-on dire, donné un corps à sa pensée en appelant à sa présidence M. Emile Combes.

Pressenti par un certain nombre de congressistes, l'ancien président du Conseil a répondu par le télégramme suivant :

« Mets condition à offre que vous me faites ; c'est que candidature offerte sera considérée comme candidature d'union entre toutes les fractions du Parti radical et radical-socialiste en vue d'organisation autonome et forte du Parti. »

Cette condition correspondait au sentiment général. Et M. Combes a été élu.

Un mois après, le 9 novembre, en inaugurant sa fonction, le président du Comité Exécutif s'exprimait ainsi :

« Ce n'est un secret pour aucun de vous que je n'ai consenti à accepter la présidence du Comité Exécutif que sur les instances pressantes de nombreux amis politiques, qui ont estimé que mon nom pourrait servir, peut-être plus utilement qu'un autre, dans les circonstances présentes, les intérêts de notre Parti. De même, aucun de vous n'a pu être surpris que la condition mise par moi à cette acceptation s'inspirât de l'idée dominante qui m'a toujours guidé dans mon œuvre politique ; l'union de tous les groupes de gauche pour la réalisation des réformes de toute nature qui composent le programme du Parti radical et radical-socialiste.

« C'est donc en vue de cette union, d'une sphère, il est vrai, plus restreinte que jadis, celle des groupements radicaux et radicaux-socialistes, que s'exercera, autant qu'il dépendra de moi, la présidence qui m'a été conférée. Je compte sur votre concours le plus cordial et le plus complet pour m'aider dans cette tâche et pour la faire aboutir. Car il y va de l'avenir de notre Parti. »

Ces idées d'union et d'organisation, émises par son président et accueillies avec la plus grande faveur, ont dominé les travaux du Bureau pendant toute l'année. Nous avons le devoir de remercier M. Combes d'avoir mis sa haute expérience en même temps que son influence, née de tant de services rendus à la cause républicaine, à l'entière disposition du Parti. On nous permettra, en outre, d'émettre le vœu qu'au moment où le Parti, attentif aux conseils répétés de son chef vénéré, s'organise de plus en plus fortement, nous puissions garder, au moins pendant une année, la direction éclatante et sûre de l'éminent citoyen qui s'est voué, avec le plus complet désintéressement, à une tâche, parfois difficile, mais si noble et si utile.

L'autonomie du Parti

Parmi les résolutions votées à Rouen figure la résolution suivante :

« L'adhésion au Parti est exclusive de toute inscription sur les contrôles d'un autre parti ;

« En demandant leur affiliation, les élus, groupements et journaux devront justifier qu'ils sont en règle avec les prescriptions du précédent paragraphe ;

« Il est laissé, jusqu'au 1er janvier 1911, à ceux des adhérents qui seraient inscrits cumulativement au Parti radical et radical-socialiste et à un autre parti, d'opter entre ces deux organisations ;

« Tout adhérent contre lequel serait administrée la preuve qu'il n'a pas opté dans le délai prévu, sera de plano rayé des contrôles du Parti. »

La motion ci-dessus comportait-elle une arrière-pensée de rupture, de divorce, par exemple avec l'Alliance Républicaine Démocratique ? Le rapporteur, M. Emile Desvaux, a eu soin d'indiquer qu'il ne s'agissait pas de cela, mais d'une simple « délimitation de frontière ».

Et M. Combes, dans son discours du 9 novembre 1910, a présenté du vote de Rouen les commentaires ci-après :

« Ces moyens (les moyens de conjurer le péril qui menace notre Parti), le Congrès de Rouen les a résumés dans un mot bien expressif : c'est par l'autonomie, c'est-à-dire par une existence propre et indépendante que nous resterons ce que nous avons été, ce que nous sommes, ce que nous voulons être, le Parti réformateur de la République laïque, démocratique et sociale.

« Il est bien entendu, d'ailleurs, mes chers collègues, que tous les groupements radicaux et radicaux-socialistes continueront de jouir, au sein de cette autonome, d'une certaine latitude, en ce qui a trait au degré plus ou moins avancé de leurs aspirations réformatrices. Une seule condition leur est imposée : l'affiliation au Comité Exécutif du Parti et, comme conséquence, la représentation à nos congrès annuels. Par là se légitime leur liberté relative, comme aussi leur union de principes et de but avec les autres groupements affiliés.

« Mes chers collègues, cette volonté, que nous avons affirmée d'être un parti autonome paraîtra certainement, à quiconque voudra bien réfléchir, la condition même d'existence d'un parti. Car un parti cesse de mériter ce nom, quand il se confond avec un autre par défaut de principes propres, par manque de frontières idéales. Comment se fait-il donc que l'Alliance Républicaine Démocratique, avec laquelle nous avons toujours marché d'accord quand l'intérêt supérieur de la République était en jeu, ait pris subitement ombrage de notre déclaration d'autonomie? A-t-elle craint que cette autonomie ne fût inconciliable avec des ententes ultérieures, avec des accords faits en vue d'une fin précise, comme les ententes et les accords que nous avons conclus avec elle dans le passé ? S'il en est ainsi, qu'elle se détrompe.

« Nous n'avons pas la prétention d'être les seuls à servir la République. Nous ne nourrissons aucune pensée d'hostilité contre ceux qui la servent sincèrement à côté de nous. Même, dans un sentiment de mutuelle estime, nous nous réservons toujours la liberté de nous concerter et de nous unir avec l'Alliance Républicaine Démocratique pour agir en commun en toute circonstance opportune.

« Mais, comme nous avons, en tant que parti, nos idées propres sur la meilleure façon de servir la République, nous entendons conserver en thèse générale le droit absolu de la servir suivant les principes de notre Parti, et c'est là précisément la raison d'être de notre autonomie. »

Le texte voté à Rouen et dont le sens a été ainsi développé par la voix la plus autorisée, a été porté, par les journaux, par le Bulletin, par la brochure du Congrès, à la connaissance de tous, élus et groupements. Il conserve toute sa force. Quant au bureau, n'ayant reçu aucun avis touchant les adhésions antérieures, il n'a eu à prendre aucune sanction et s'est borné à appliquer la décision précitée aux adhésions nouvelles qui lui sont parvenues.

Il convient cependant de noter ici le vœu suivant adopté par le Comité radical et radical-socialiste de la Vienne et transmis au bureau du Comité exécutif, qui l'a publié au Bulletin :

« Le Comité radical et radical-socialiste » de la Vienne émet le vœu que jusqu'à ce » que la réforme électorale ait été réalisée, » l'interdiction d'être inscrit sur les con» trôles d'un autre parti ne soit pas ap» pliquée et qu'il soit simplement interdit » aux radicaux qui sont inscrits sur les » contrôles d'un autre parti d'être mem» bres du bureau d'un comité affilié au » Parti radical. »

Au Parlement

Le Congrès de Rouen a voté la motion que voici :

« Les sénateurs et les députés, membres du Parti devront respectivement constituer des groupes *uniquement* composés des membres inscrits sur les contrôles du Parti dans les conditions prévues à l'article 6 du règlement. »

Le bureau a poursuivi la réalisation de cette décision et son président, M. Combes, s'y est employé d'un effort persistant. Sur son initiative, des entretiens — dont le Bul-

COMITÉ EXÉCUTIF

DU

Parti Républicain Radical et Radical-Socialiste

11me Congrès Radical et Radical-Socialiste

à NIMES, au Théâtre d'Eté

les Jeudi 5, Vendredi 6, Samedi 7 et Dimanche 8 Octobre 1911

RAPPORTS
des Commissions

A PARIS
AU SIÈGE DU COMITÉ EXÉCUTIF
9, Rue de Valois, 9

1911

COMITÉ EXÉCUTIF

D U

Parti Républicain Radical et Radical-Socialiste

11me Congrès Radical et Radical-Socialiste

à NIMES, au Théâtre d'Eté

Les Jeudi 5, Vendredi 6, Samedi 7 et Dimanche 8 Octobre 1911

RAPPORTS
des Commissions

A PARIS
AU SIÈGE DU COMITÉ EXÉCUTIF
9, Rue de Valois, 9

1911

letin a rendu compte — ont eu lieu entre les parlementaires qui font partie du bureau du Comité Exécutif et les membres des bureaux des groupes radicaux et radicaux socialistes du Sénat et de la Chambre. Les pourparlers engagés permettent d'espérer que l'entente se fera sur les bases posées par le Congrès de Rouen ; mais jusqu'à présent, la solution désirée n'est pas intervenue. Il est évident que tout le monde n'y met pas de bonne volonté. De sérieuses difficultés se sont produites. Elles étaient prévues, et il ne suffirait pas d'une formule pour les résoudre. C'est une œuvre à reprendre dès la rentrée. Il ne faudra pas moins que la persévérance et l'autorité de notre président, sa connaissance approfondie du terrain parlementaire, pour la mener à bonne fin.

Rapports avec le gouvernement

La constitution du cabinet présidé par M. Monis a fourni au bureau une occasion agréable de reprendre ses rapports avec le gouvernement. Dans sa séance du 8 mars, le Comité Exécutif a voté à l'unanimité l'ordre du jour suivant, présenté par M. Combes :

« Le Comité exécutif du Parti radical et radical-socialiste compte sur l'initiative hardie du nouveau cabinet et sur l'action persévérante des élus radicaux et radicaux-socialistes pour réaliser les réformes politiques, laïques, fiscales et sociales inscrites au programme du Parti. »

Cet ordre du jour, que le président avait fait suivre d'un commentaire impliquant la confiance, a été remis à M. Monis par MM. Henri Michel et Lefranc. Le président du Conseil a fait aux délégués du bureau le plus cordial accueil.

On sait ce qu'il est advenu ensuite. L'affreux accident du champ d'aviation d'Issy a coûté la vie à notre cher et regretté ami M. Berteaux, dont nous ressentons toujours cruellement la perte, et M. Monis, grièvement blessé, s'est vu confiné à la chambre pendant plusieurs semaines. Ainsi atteint dans sa direction, le cabinet était à la merci d'un incident parlementaire. Il n'a pas eu le temps de donner sa mesure.

M. Caillaux a été appelé par la confiance du président de la République à la succession de M. Monis. Le nouveau ministère, rapidement constitué, a été bien accueilli par l'opinion républicaine.

Le Comité Exécutif, réuni le 12 Juillet 1911, lui a marqué ses sympathies dans l'ordre du jour suivant, présenté par M. Combes, au nom du bureau, et adopté à l'unanimité :

« Le Comité Exécutif du Parti radical et radical-socialiste, considérant que la composition du cabinet correspond pleinement à celle de la majorité républicaine du Parlement, lui adresse l'expression de sa confiance et compte sur lui pour faire aboutir dans l'ordre politique, économique et social les réformes inscrites au programme du Parti. »

Cet ordre du jour a été porté, le 15 juillet, à M. Caillaux et à M. Malvy, par une délégation du bureau, composée de MM. Beauvisage et Michel, sénateurs ; Dalimier et Gasparin, députés ; F. Cahen, Chatenet et Lefranc. Aux vœux que lui a exprimés M. Michel, de la part du Comité Exécutif et de son président, M. Combes, le président du Conseil a répondu en donnant les plus nettes assurances de sa résolution de suivre une politique d'union et d'action répu-

blicaines. Nous avons tout lieu de penser que les espérances que nous ont fait concevoir ses fermes déclarations, ne seront point déçues.

L'organisation

A la séance plénière tenue par le Comité Exécutif, le 12 avril dernier, M. Combes a prononcé un discours dont nous extrayons les passages suivants :

« Jamais le besoin d'organiser fortement le Parti ne m'est apparu plus urgent que depuis qu'ayant été élu président du Comité Exécutif j'ai pu étudier de plus près en détail, sa constitution.

« C'est immédiatement que nous devons nous mettre à la tâche : nous n'avons que peu de temps devant nous d'ici aux prochaines élections, et la possibilité du changement de mode de scrutin nous fait un impérieux devoir de ne pas perdre une minute.

« Je ne me fais pas d'illusion, en effet, sur le sort du scrutin d'arrondissement. Je ne me dissimule pas les inconvénients qu'il présente et les défauts graves qui sont nés de son fonctionnement même, ou plutôt de l'abus que certains en ont fait. Cependant, je crois qu'on n'a pas tenu assez compte des services qu'il a rendus au parti républicain en l'absence de toute organisation ; on oublie peut-être trop que ses vices viennent moins de sa constitution même que de l'usage que quelques-uns en ont fait. Quoi qu'il en soit, le scrutin d'arrondissement a contre lui, aujourd'hui, une importante partie même de nos amis politiques et il semble probable que les prochaines élections législatives auront lieu avec un mode de scrutin élargi, avec un scrutin de liste sous une forme quelconque. C'est là ce qui doit nous préoccuper.

« Aujourd'hui même, avec l'organisation insuffisante dont nous disposons, il nous serait impossible d'appliquer le nouveau mode de scrutin. On ne peut pas s'entendre d'un bout à l'autre du département : les comités manquent ou bien ils comptent peu de membres ; il n'existe aucun contact entre eux. Comment pourrait-on faire une liste et si ces comités parvenaient à former une liste, cette liste aurait-elle véritablement une autorité suffisante vis-à-vis de la grande masse des électeurs du Parti ?

« C'est pour nous une question capitale. Pour pouvoir figurer honorablement dans les prochains scrutins la place qui est due à notre Parti, il faut que nous puissions dresser des listes qui soient réellement choisies par les militants de tout le département. Nous ne pourrons le faire que si notre Parti est entièrement organisé, si nous avons un comité dans chaque canton, des fédérations d'arrondissement fortement constituées et des fédérations départementales qui soient, dans chaque département, la représentation fidèle du Parti.

« Je m'adresse aux membres non parlementaires du Comité Exécutif comme je me suis adressé aux groupes de la Chambre ; je leur fais le même appel. Je demande à chacun d'entre vous de nous apporter son concours. La tâche est grande, mais elle sera relativement facile si chacun y apporte de la bonne volonté.

« Nous devons nous organiser d'autant plus que, dans les prochaines batailles, nous serons serrés entre des adversaires qui ne nous ménageront pas. Ils sont de deux sortes : d'un côté les monarchistes de tout acabit : en outre les cléricaux et les progressistes qui, s'ils sont ou se disent républicains quand il s'agit du mode de

gouvernement, n'en ont pas moins tous les préjugés des partis de réaction ; de l'autre côté, nous sommes combattus par les unifiés, et, quelles que soient les divisions que soulève parmi eux la politique de lutte de classes, nous ne devons pas nous leurrer sur leurs intentions à notre égard ; tout ce que nous pouvons espérer, c'est qu'ils se conduisent à notre égard en adversaires loyaux.

« Placés entre ces deux partis, nous ne pourrons maintenir notre rang et nous ne pourrons gagner de nouvelles batailles que si nous sommes fortement disciplinés et organisés. C'est à cette organisation que je vous convie. »

Les paroles de M. Combes correspondaient au vœu exprimé par le Congrès de Rouen, sur un rapport présenté par M. Postel au nom de la Commission d'organisation et de propagande. Reproduites par le Bulletin, elles ont reçu l'approbation générale et produit, en maints départements, les effets attendus. Citons : le Gard, les Charentes, le Jura, la Haute-Saône, la Drôme, l'Aveyron, le Lot-et-Garonne, le Loiret, le Cher, la Dordogne, l'Yonne, l'Aube, etc.

Nul doute qu'après le Congrès de Nîmes, le mouvement ne s'accentue ; il deviendrait assurément décisif le jour où se préciseraient les intentions du Parlement en ce qui concerne la réforme électorale. Dans le doute qui se prolonge, on hésite, on tâtonne, on s'abstient. Il serait temps que le pays sût à quoi s'en tenir sur cette question capitale. La persistance de l'état d'incertitude où l'on mis les fluctuations de la Chambre risquant d'être surtout préjudiciable à notre Parti, il appartiendrait à nos amis du Parlement de joindre leurs efforts pour solutionner promptement une question qui apparaît comme la clé de tant d'autres problèmes.

L'insuffisance de notre organisation n'est d'ailleurs pas due à ce seul motif-là, non plus qu'à l'apathie de certaines de nos troupes qui ont pris la mauvaise habitude de ne s'ébranler qu'au moment de l'action électorale.

De l'ensemble des renseignements qui parviennent chaque jour au Comité Exécutif, il résulte que trop souvent l'activité des militants radicaux et radicaux-socialistes est entravée, contrecarrée, brisée, par ceux-là mêmes qui devraient l'encourager et la faciliter. Nos amis trouvent contre eux, en maint endroit, des forces qui, de par leur nature même, trouveraient à s'exercer beaucoup plus normalement par ailleurs, si les hommes qui les détiennent s'inspiraient moins d'intérêts particuliers et un peu plus de ceux de la République et de la démocratie Il y a là une situation éminemment paradoxale et qui s'impose à l'attention persistante du Comité Exécutif. Nous n'aurons sans doute que trop d'occasions d'y revenir. Mais nous ne nous lasserons pas.

Nous avons cité plus haut quelques-uns des départements où l'on s'est occupé avec fruit, cette année, de la réorganisation des forces radicales. Il convient d'y ajouter :

Les Bouches-du-Rhône, où une Fédération départementale a été créée fin janvier (mission Desvaux-Lefranc) ;

Le Finistère où, dans l'arrondissement de Brest notamment, à la suite des efforts persévérants de M. Natalini et d'une intervention de M. Desvaux, les principaux éléments du parti se sont rapprochés et fédérés ;

Le Rhône, où MM. Steeg et Desvaux, délégués le 22 janvier à Bordeaux, ont apaisé les dissentiments qui gênaient le développement de la Fédération ;

Le Rhône, où M. Richard a présidé, le 22 décembre et le 22 janvier, deux réunions desquelles est sortie, suivant la décision formelle du Congrès de Rouen, la fusion des deux Fédérations coexistantes en une Fédération unique que préside M. Herriot.

D'autre part, le bureau a procédé à des enquêtes sur la situation du Parti dans plusieurs départements, notamment la Drôme, la Charente, l'Indre-et-Loire, la Lozère, la Haute-Garonne (où MM. Pelletan et Thalamas se sont rendus), le Rhône, la Seine-Inférieure, le Var, le Vaucluse, la Cochinchine, etc.

Cela, sans préjudice des informations auxquelles donnent lieu les incidents, électoraux et autres, qui se produisent sur les différents points du territoire, et qui font tout naturellement l'objet d'un examen spécial de la part du bureau.

Bref, toute l'année, les questions d'ordre divers relatives à l'organisation du Parti sont restées, peut-on dire, à l'ordre du jour des séances hebdomadaires du bureau et conjointement y ont été traitées les questions ayant trait à la propagande qui y sont si intimement liées.

La propagande

Au nombre de ces dernières questions, et au premier plan, figurait la formation du « corps de délégués temporaires » décidée par le Congrès de Rouen.

Le bureau s'en est occupé dans ses séances de décembre, de janvier et de février ; il s'est assuré tout d'abord la collaboration de M. Dauthy ; puis il a entendu, le 22 février, M. Gaston Gros, venu de la part de la Commission de propagande pour l'entretenir de cette création ; et, le 15 mars, il a conféré avec MM. P. Richard, Mossé, Bauzin, Bokanowski, Canu, Boussenot, Richard de Burgue, Châtenet, Jules Durand, en vue de la répartition des départements où l'urgence d'une propagande méthodique se faisait le plus sentir : les Côtes-du-Nord, la Haute-Vienne, l'Allier, le Loir-et-Cher, la Dordogne, la Corrèze, l'Orne, le Puy-de-Dôme, le Var, la Nièvre, etc...

Nos collègues acceptèrent les missions temporaires qui leur furent proposées pour ces départements. La Haute-Vienne et l'Allier furent réservés à M. Dauthy.

Ainsi que l'avaient indiqué MM. J.-L. Bonnet et Desvaux dans la séance du Comité Exécutif, il s'agissait moins d'aller faire des conférences que de convaincre peu à peu, par un travail obstiné, les militants de ces départements de la nécessité de s'unir et de relier les uns aux autres les groupements ainsi fondés.

« Ce qu'il nous faut, disait Desvaux, ce sont des hommes de bonne volonté, opiniâtres et modestes qui acceptent de consacrer une semaine ou deux à parcourir une région déterminée, à causer avec les militants, à créer des comités, à organiser et à discipliner cette grande armée trop dispersée, du parti radical et radical-socialiste. »

Et Bonnet ajoutait, dans le même esprit :

« Nous demanderons à quatre ou cinq de nos amis, très au courant de l'organisation de notre Parti, de vouloir bien lui consacrer, à partir du 1er janvier, deux ou trois semaines. Nous aurons ainsi, d'une façon continue, des hommes dévoués qui pourront organiser en province des comités et des fédérations et, lorsque des élections se présenteront, se rendront sur place, résoudront les difficultés s'il s'en présente, apporteront à nos candidats le concours qui leur est nécessaire. Dans certains endroits, si des inerties s'opposent à l'organisation du Parti, ces délégués feront les démarches amicales qui s'imposeront. Leur tâche sera toute de patience et de ténacité. Par eux, notre Parti se développera et grandira en autorité. »

Ces hommes de bonne volonté, le bureau les avait facilement recrutés, comme toujours, parmi ces jeunes orateurs qui paient sans compter de leur temps et de leur talent pour la diffusion constante des doctrines du Parti et auxquels nous saisissons au passage l'occasion d'adresser de chaleureux remerciements. Mais les circonstances amenèrent le bureau à modifier les premières dispositions prises. La loi sur les retraites ouvrières et paysannes allait entrer en vigueur. A la campagne de dénigrement systématique entreprise contre cette loi de progrès social par les réactionnaires et les révolutionnaires, il importait d'opposer une campagne non moins ardente et d'éclairer la démocratie sur la véritable portée d'une réforme dont le parti radical avait été le principal artisan...

M. Dominique fit à ce sujet, le 10 mai, au Comité Exécutif, la communication suivante :

« Le bureau du Comité Exécutif, dans ses séances des 19, 26 avril, 3 et 10 mai, s'est préoccupé des moyens de faire connaître la loi et d'organiser une propagande intensive en faveur de son application. Il a décidé de mettre à la disposition des groupements adhérents des brochures et des conférenciers. Il a demandé au ministère du travail de bien vouloir mettre à sa disposition des brochures de vulgarisation et il convoque, pour ces jours-ci, tous les conférenciers qui veulent bien lui apporter un concours régulier et auxquels il demandera de s'associer à son action pour organiser des tournées de conférences.

« Le ministère du travail, entre temps, a demandé au Comité Exécutif de vouloir bien lui apporter sa collaboration la plus active pour l'application de la loi. Le Comité Exécutif était d'autant mieux prêt à répondre à cet appel qu'il avait déjà, ainsi que vous le voyez, pris toutes ses dispositions pour une action énergique. Les conférenciers du Parti partiront sans retard en campagne et ils iront, sous la direction du Comité Exécutif, d'accord avec les groupements radicaux-socialistes, expliquer et défendre la loi des retraites partout où leur concours sera demandé. »

L'initiative du bureau fut approuvée par le Comité Exécutif et, dès le lendemain, nos amis se sont mis en route. Le Bulletin a fait mention, en leur temps, des tournées de conférences de MM. Bokanowski (Haute-Garonne, Aude, Nord, Hérault, Seine) ; Canu (Aveyron, Ardèche, Loire, Haute-Loire, Maine-et-Loire, Oise, Gard) ; Fabiani (Var, Manche, Alpes-Maritimes, Seine-Inférieure, Basses-Pyrénées, Pas-de-Calais, Seine-et-Marne, Seine) ; Gaston Gros (Nord, Aisne, Charentes, Seine) ; Jules Durand (Lot, Mayenne, Seine) ; Richard de Burgue (Vaucluse, Alpes-Maritimes, Var) ; Bienaimé (Somme) ; Vollays (Nord, Aisne, Seine-et-Oise) ; Dominique (Finistère, Loiret, Seine) ; Ostreicher (Seine-Inférieure, Nord, Somme), Douzet (Loire, Isère, Rhône), Fabius de Champville (Côte-d'Or, Orne, Maine-et-Loire, Seine), Lucien-Victor Meunier (Vendée, Gironde), Paul Richard, Mossé, Weill, etc., et qui ont produit d'excellents résultats.

Les missions spéciales dont nos amis avaient bien voulu se charger en ont été retardées : mais elles seront reprises dès la saison prochaine et, en attendant, nous pouvons dire que le Comité Exécutif a contribué dans une large mesure à montrer sous son vrai jour la loi protectrice que l'on essayait de couvrir de dangereuses légendes et il a rendu ainsi un nouveau service à la République, sans hésiter à prendre à sa charge les frais de la campagne.

Le Congrès avait également donné mandat au bureau d'organiser, avec le concours des parlementaires du Parti, plusieurs grandes manifestations publiques. Ces manifestations ont eu lieu ; mais elles ont surtout été faites par un groupe qui s'est constitué, dans ce but, au Parlement, sous la présidence de M. Chéron.

Dans la séance du 14 décembre 1910, M. Dalimier, à la demande du bureau, a fourni quelques explications sur la formation de ce groupe spécial :

« Nous avons eu trop souvent l'occasion, a-t-il dit, de constater que lorsque le Comité demandait le concours de députés pour faire des conférences, il obtenait difficilement un résultat. Plusieurs de nos amis de la Chambre se sont émus de cet état de choses, alors que tous les partis, à droite et à gauche, mènent une action très vive. Notre ami Chéron, à la suite d'une grande réunion qu'il avait organisée à Rouen avec quelques parlementaires, a eu l'idée heureuse de convoquer tous ceux d'entre nous qui peuvent porter la parole et il leur a proposé d'aller faire des tournées de conférences à travers la France. Ce groupe s'est constitué avec un très grand nombre de radicaux et de radicaux-socialistes, auxquels se sont joints quelques républicains de gauche et quelques socialistes indépendants.

« Il a été entendu que les réunions n'auront jamais lieu que d'accord avec les groupements radicaux et radicaux-socialistes ainsi qu'avec la représentation républicaine du département intéressé. »

On se rappelle le succès des manifestations dont il s'agit, à Lille notamment, où M. Caillaux prononça un véritable discours-programme. Il faut souhaiter qu'elles soient continuées pendant toute la législature.

MM. Chéron et Bouffandeau se sont rendus, le 4 janvier, devant le bureau. Il a été convenu que le groupe Chéron mettrait ses conférenciers à la disposition du Comité Exécutif et s'adjoindrait, pour les manifestations préparées par lui, des orateurs non parlementaires que lui désignerait le bureau. C'est là un signe de bonne entente qu'il convient de souligner.

Notons encore :

Une grande réunion organisée à Arras, le 5 mars, par les Fédérations du Pas-de-Calais et du Nord, avec le concours de MM. F. Buisson, Bouffandeau, Loth, Debierre ;

Et les Congrès :

De la Fédération du Rhône, les 24 et 25 juin ;

De la Fédération de la Côte-d'Or, à Châtillon, le 23 avril (avec le concours de M. Dalimier) ;

De la Fédération de Saône-et-Loire, le 7 mai ;

De la Fédération de Meurthe-et-Moselle, le 14 mai (avec le concours de MM. Pelletan et Haudos) ;

De la Fédération de l'Aisne, à Saint-Quentin, le 9 avril (avec le concours de M. Ranson) ;

De la Fédération de l'Hérault, le 9 avril ;

De la Fédération du Sud-Est, auquel le bureau avait délégué MM. Fabiani, Lévy-Ullmann, Chatenet et de Burgue, et qui a si bien réussi que l'on doit souhaiter de voir cet exemple suivi dans toutes les régions.

Félicitons-nous, pour finir, de l'utile collaboration que la Ligue de propagande radicale et radicale-socialiste nous a prêtée, au cours de cette année comme précédemment. Souhaitons que, sous l'impulsion de son président, M. Virot, et de son secrétaire général, M. Durand, s'accroisse encore sa prospérité.

L'action électorale

Un certain nombre d'élections partielles ont eu lieu depuis la consultation générale de 1910. Elles n'ont pas toutes été favorables à nos candidats et les détestables coalitions qui se sont produites, l'an dernier, se sont parfois renouvelées. Il y a là un péril et une menace dont il importe de se préoccuper.

Pour y parer dans la mesure du possible, nos amis ont le devoir, nous ne saurions trop le répéter, de compléter leurs organisations locales. Mais ils devront aussi veiller au choix de leurs candidats, car trop souvent on impute au Parti la responsabilité d'échecs qui sont la conséquence de fautes personnelles.

Il faut que nos Comités, par une vigilance et une activité inlassables, montrent qu'ils ne sont pas de simples instruments aux mains de quelques hommes, si méritants soient-ils, mais des organes permanents de propagande d'idées et de vulgarisation de doctrines. Pas d'étroitesse de vues, pas de mesquines ambitions, surtout pas d'intransigeance, pas de tyrannie, mais des conceptions larges et élevées.

La tolérance et la bonté n'excluent pas l'énergie. Il y a temps pour tout. C'est affaire de jugement et d'opportunité.

Nos Comités ont tout avantage à donner aux électeurs l'impression très nette qu'ils savent placer leur idéal politique et social au-dessus des petites considérations de clocher. Ils gagneront ainsi et assureront à leurs candidats, mieux qu'en recherchant l'influence et la faveur, la confiance du corps électoral.

N'hésitons pas à redire, en outre, qu'une des principales conditions de la victoire, c'est la concorde entre républicains — que les candidats, suivant le terrain de combat, soient à notre aile droite, comme à Angoulême où l'union de toutes les fractions de l'opinion républicaine vient de donner lieu à une belle revanche, ou bien à notre gauche, comme dans le Jura (élection Berthod, siège reconquis) et en Seine-et-Oise (élection Laurent).

Le plus grand danger, peut-être, naît des rivalités et des divisions locales : c'est celui-là que nos amis doivent s'efforcer de surmonter et il ne dépend que d'eux d'y parvenir. De ces divisions nos adversaires ne sont pas exempts, on l'a vu à Angoulême. Ce n'est pas une raison pour négliger la discipline. La leçon est double, voilà tout.

Efforçons-nous toujours de faire prévaloir les principes de notre Parti ; mais ne perdons jamais de vue l'intérêt supérieur de la République.

Le Bulletin et le « Radical »

Un passage du rapport présenté par M. Postel à Rouen, au nom de la Commission de l'organisation et de la propagande, était consacré au Bulletin du Parti.

« Nous pensons tous, y disait-il, que dans une vaste organisation comme la nôtre il faut, de toute nécessité, mettre à la disposition de nos 250.000 adhérents un Bulletin, qui soit un réel et vivant organe de tout ce qui touche à la vie de notre Parti, dans nos Comités comme au Parlement, qui soit le trait d'union et l'arme de ralliement de tous nos militants, et qu'en conséquence, il y a lieu de réformer et améliorer le Bulletin actuellement existant, pour le porter à un tirage plus en rapport avec les besoins de notre action et de notre propagande.

La Commission spéciale du bureau et la Commission de la propagande et de l'organisation recherchèrent tout de suite après le Congrès les moyens de réaliser les desiderata ci-dessus rappelés ; et, dans la séance plénière du 14 décembre, M. J.-L. Bonnet exposa au Comité Exécutif le plan auquel on avait cru pouvoir s'arrêter dans le but de transformer le Bulletin en une sorte de grand hebdomadaire du Parti. Cet exposé reçut l'assentiment unanime. Mais une grosse difficulté subsistait, du fait des dépenses à prévoir.

C'est alors que le bureau fut saisi par la direction du *Radical* d'une intéressante proposition qu'après étude, notre respecté président voulut bien me charger de présenter à la ratification du Comité Exécutif, dans la séance plénière du 11 janvier. Je crois devoir reproduire ici le procès-verbal de cette séance :

« Le journal le *Radical* deviendrait l'organe officiel du Parti, sous le contrôle et avec le concours du bureau du Comité Exécutif. La ligne générale de sa rédaction serait conforme au programme et à l'action politique du Parti. L'éditorial du *Radical* serait consacré plus particulièrement à l'étude des questions économiques inscrites dans notre programme. Les articles de tête seraient confiés uniquement à des membres du Parti, élus ou non parlementaires. Le journal se tiendrait systématiquement en dehors des questions ministérielles.

« Le Bulletin du Parti serait spécialement constitué par une feuille spéciale encartée, à un jour déterminé, qui serait rédigée par les soins et sous la responsabilité du bureau du Comité Exécutif. Sous cette rubrique paraîtraient, comme aujourd'hui dans le Bulletin, les articles, communications et correspondances du Comité Exécutif ou de ses adhérents. Cette partie pourrait s'étendre à deux, trois ou quatre pages. Il y serait réservé une place spéciale à l'action parlementaire du Parti et aux travaux de ses élus dans les deux Chambres.

« En plus, chaque jour, sous la rubrique « Chronique du Parti », seraient insérées toutes les informations quotidiennes émanant du Bureau du Comité Exécutif qui, bien entendu, resterait entièrement maître de ses communications.

« Au point de vue financier l'accord pourrait être fait sur les bases ci-après : Le prix de l'abonnement au Bulletin ainsi transformé resterait le même que celui du Bulletin actuel, soit : 3 fr. par an. En outre, pour les membres du Parti, le *Radical* consentirait des abonnements complets au prix de 15 francs par an. Les abonnés actuels au Bulletin n'auraient que 12 francs à verser en supplément pour recevoir le journal quotidiennement.

« Les avantages financiers de la combinaison sont évidents. Je n'insisterai pas. Ce qui nous importe, ce sont les avantages moraux que le Parti peut en retirer.

« Nous avons trop souvent constaté, notamment lors des dernières élections combien le Parti était désarmé à certains moments, parce qu'il ne possédait pas d'organe pour faire entendre sa voix. L'accord qui nous est proposé par M. Perchot, directeur du *Radical*, met cet organe à notre disposition ; il repose essentiellement sur la valeur morale des deux parties. Il s'agit d'une entente durable... »

....

Le Président met aux voix la proposition du bureau tendant à ce que ses représentants soient autorisés à arrêter avec M. Perchot les bases définitives de l'accord à intervenir entre le Parti et le journal le *Radical*.

(*Cette proposition mise aux voix est adoptée.*)

Le Président remercie M. Perchot de l'offre qu'il a bien voulu faire au Comité Exécutif du journal qu'il dirige.

M. Perchot remercie le Comité Exécutif de la confiance qu'il a bien voulu lui témoigner.

La décision prise par le Comité Exécutif fut sans tarder mise à exécution. L'accord, autorisé par l'assemblée, fut conclu, accord de bonne foi, qui, de part et d'autre, a été ponctuellement suivi, étant entendu que la liberté du journal resterait entière, dans le cadre des règles générales du Parti, et que seules les communications émanant du bureau et publiées dans le Bulletin officiel engageraient le Parti.

Sept mois se sont écoulés depuis lors. On a pu juger des résultats, sans que nous ayons à y insister. Tous les journaux qui soutiennent les principes et le programme du Parti radical et radical-socialiste se recommandent, de ce seul fait, à l'intérêt de nos militants ; mais il nous est licite d'appeler leur attention toute particulière sur un organe qui s'est imposé, pour mériter leur sympathie, des sacrifices considérables.

Nous avons pu, grâce à lui, donner à notre action et à notre propagande, suivant le vœu du Congrès de Rouen, un développement qui n'a pas été sans effets. Il y a toutefois encore beaucoup à faire dans ce sens. La fonction permanente dont m'a honoré le bureau ne va pas sans quelques difficultés. Je m'efforce de m'en montrer digne, aidé par les conseils de mes collègues. Mais, pour donner au Bulletin et au journal lui-même une importance en rapport avec le grand Parti auquel ils s'adressent et dont ils portent la pensée, il est indispensable que tous nos adhérents nous apportent un appui et une aide de chaque jour.

En temps ordinaire, et surtout au moment des périodes électorales, la libre disposition d'un organe quotidien sera, pour le Parti, infiniment précieuse, mais si son existence est un gage d'action utile, il faut faire en sorte de l'assurer. Ainsi se complétera et grandira l'œuvre commencée. L'avantage qu'elle présente n'échappe à personne. Ne la laissons pas péricliter.

Le siège social

A plusieurs reprises déjà, on a fait ressortir les inconvénients des locaux de la rue de Valois. Ils ont toujours été incommodes, mal appropriés à leur destination et, en dépit des aménagements auxquels on a dû faire procéder pendant l'hiver 1909-1910, ils sont devenus tout à fait insuffisants. Nous en avons cherché d'autres ; mais jusqu'à présent, nous n'en avons pas trouvé. Cela tient surtout, disons-le, à ce que nous avons reculé devant les frais.

Le siège social du Parti ne peut être éloigné du centre de Paris. Or les loyers y sont très chers.

Le local doit se composer de : deux salles de commission, dont une assez vaste ; deux pièces au moins pour les bureaux ; une pour les archives et la bibliothèque ; une autre pour les manipulations et expéditions de documents et de brochures. Donc cinq pièces au minimum, en admettant que les séances plénières continuent de se tenir au café du Globe ou dans un autre établissement du même genre. Mais le mieux serait évidemment de pouvoir disposer, au rez-de-chaussée de l'immeuble du siège social, d'une salle utilisable, sinon pour les séances les plus importantes où les assistants viennent en grand nombre, du moins pour certaines réunions moins attirantes.

Cela n'est pas impossible à trouver ; mais à la condition d'élever forte...ment la dépense annuelle qui ne serait guère inférieure à 5.000 francs — plus du double de celle que notre budget supporte aujourd'hui. Nous n'avons pas cru pouvoir l'engager sans le consentement du Parti tout entier. Et pourtant elle nous apparait comme inévitable. Le Congrès de Nîmes voudra-t-il ouvrir au bureau les crédits nécessaires ?

Observations — Modifications

Il nous parait à propos de résumer ici quelques-unes des observations présentées, en cours d'année, dans les séances plénières, par différents rapporteurs au sujet de certaines mesures qu'il conviendrait de prendre et qui visent le fonctionnement des Congrès et du Comité exécutif.

Les votes au Congrès (rapport Canu). — La commission du Congrès de Nîmes a été saisie par son vice-président, notre excellent camarade Chéradam, d'un type de carte établi en projet par un imprimeur et répondant très exactement à la conception qu'elle avait indiquée et dont vous avez approuvé les lignes générales. Je suis heureux d'ajouter que le type soumis à la commission et qui contient douze bulletins blancs et douze bulletins bleus fait tomber la principale objection soulevée contre la transformation si nécessaire de nos cartes de congressistes. On redoutait que la nouvelle carte coutât plus cher que l'ancien carton simple. Ce n'est heureusement pas exact et notre ami Chéradam nous a déclaré que l'imprimeur qui avait établi le type qu'il nous présentait et que nous avons immédiatement adopté sous réserve des observations ultérieures du bureau, s'offrait à établir 1.500 cartes semblables pour le prix forfaitaire de 25 francs, soit 1 franc de moins que les anciennes cartes qui revenaient à 26 francs les 1.500. Le type qui nous a été présenté sera soumis au bureau du Comité lors de sa prochaine réunion et nous avons confiance que vous voudrez bien lui donner mandat de statuer définitivement sur une réforme matérielle dont l'importance ne vous avait pas échappé.

(Le type de carte a été adopté.)

Les délégations au Comité Exécutif (rapport Desvaux). — Le rapporteur exprime le regret de constater que pour quelques départements le Comité Exécutif ne possède aucun représentant non parlementaire et qu'un assez grand nombre de délégués ne paraissent pas appartenir à des organisations des départements qu'ils représen-

tent. L'article 19 de notre règlement est formel à ce sujet.

(Des dispositions sont à prendre pour assurer l'application de cette disposition.)

Les séances du Comité Exécutif (rapport Lefranc). — Il conviendrait de rechercher les moyens d'associer plus directement et plus régulièrement aux travaux du Comité Exécutif les organes départementaux. Est-il nécessaire que le Comité Exécutif se réunisse chaque mois ? L'expérience a prouvé que les séances mensuelles n'attirent ou ne retiennent qu'un nombre assez restreint de délégués, peut-être parce que l'attrait de ces séances laisse forcément à désirer. Il n'est pas aisé d'en renouveler constamment l'ordre du jour, à moins de faire du Comité Exécutif une façon de cercle d'études politiques, économiques et sociales. Mais est-ce bien là son objet et son but ? Ne vaudrait-il pas mieux que le Comité Exécutif, sauf circonstances exceptionnelles, ne tint que des séances trimestrielles, consacrées plus particulièrement à l'examen des questions intéressant la vie même du Parti, son organisation, sa propagande, sa tactique et la politique générale à défendre dans le pays ? Dans ce cas, le Comité Exécutif se réunirait, le samedi par exemple, l'après-midi et le soir.

Des dispositions seraient à prendre pour faciliter le voyage à Paris d'un ou deux délégués, expressément mandatés à cette occasion par leurs Fédérations respectives.

Les Comités et leur cotisation. — Dans la séance du 14 juin, connaissance a été donnée au Comité Exécutif de la liste des Comités inscrits rue de Valois. Des renseignements recueillis, il appert que les Comités existants dans les départements sont beaucoup plus nombreux. Il y aurait un intérêt évident à établir un contact plus direct et permanent entre ces Comités et l'organisme central du Parti. Une motion a été déposée au Congrès de Rouen, tendant à ce que tous les Comités de France soient tenus de s'affilier au Comité exécutif en même temps qu'aux Fédérations locales : le principe en a été approuvé, le 14 juin, par le Comité Exécutif. Il ne semble pas, en effet, que cette innovation puisse porter atteinte aux droits et prérogatives des Fédérations. Resterait à voir si la cotisation annuelle de 10 francs, augmentée de l'abonnement de 3 francs au Bulletin, ne constituerait pas une gêne pour nombre de ces Comités, qui cotisent déjà à leurs Fédérations. Peut-être, pour cette raison, y aurait-il lieu de réduire à 5, 6 ou 8 francs au maximum le versement à faire au Comité Exécutif, cotisation et abonnement compris.

L'accroissement du nombre des Comités inscrits compenserait la diminution des recettes. Le budget du Parti n'en serait pas lésé, au contraire ; et l'unité du Parti s'en trouverait renforcée.

Les Congrès. — Nous devrons, ainsi qu'il est dit plus haut, étendre l'organisation des congrès régionaux. Il y aurait peut-être utilité à tenir à Paris les congrès annuels et à soumettre les questions au préalable à des Congrès régionaux dont une

réglementation générale pourra être étudiée.

Les séances du Bureau. — Le bureau se réunit le mercredi de chaque semaine. La répétition de ces séances décourage l'assiduité. Il semble que les affaires courantes gagneraient à être traitées, notamment par la Commission d'administration. Le bureau tiendrait, tous les mois, indépendamment des circonstances exceptionnelles, une séance rigoureusement obligatoire pour tous ses membres, sauf excuses motivées, et l'ordre du jour en serait établi avec soin pour en assurer l'intérêt.

Les permanences quotidiennes devront, par contre, être régularisées.

Les Commissions. — Le Comité Exécutif procède, chaque année, à la désignation des membres de ses commissions d'études : le nombre de ces membres n'est pas limité.

Le travail de plusieurs de ces commissions gagnerait à être réglementé, de manière que les séances qu'elles sont appelées à tenir soient plus assidûment suivies. Chacune d'elles pourrait être appelée à étudier quelques-unes des questions rentrant dans ses attributions et d'en faire l'objet d'un rapport qui serait mis à l'ordre du jour des séances du Comité Exécutif.

La commission du règlement et de la discipline ne compte que 15 membres, choisis à l'élection. Son tableau a été un peu moins chargé, cette année, que précédemment ; elle a eu pourtant à examiner des affaires assez délicates.

Peut-être y aurait-il lieu de la scinder, en créant une commission du règlement. Dans ce cas, on pourrait :

1° Transformer la commission de la discipline en une sorte de tribunal dont les membres, réduits à 5 ou 7, s'engageraient à siéger avec une régularité absolue ;

2° Instituer une Chambre d'appel, dont la composition serait à déterminer, de manière à offrir toutes garanties.

Ainsi, d'une part, le Comité Exécutif, et même les Congrès, seraient délivrés de ces affaires disciplinaires pour lesquelles ils ont si peu de goût et qu'ils sont appelés à juger sans pouvoir, le plus souvent, les approfondir. D'autre part, les droits légitimes des intéressés seraient entièrement sauvegardés.

Le Congrès de Nîmes voudra sans doute se prononcer sur les diverses modifications ci-dessus sommairement indiquées, soit en les sanctionnant, soit en les renvoyant, avec son avis et pour mise au point, au Comité Exécutif.

J'aurai terminé ce rapport, dont mes collègues et amis voudront bien excuser la longueur inusitée, en louant comme il sied, et dans un sentiment de pleine justice, la vigilance et l'activité de notre secrétaire administratif, M. Reynard, et le zèle de ses collaborateurs MM. Restellini et Valhia.

Je crois pouvoir affirmer, en concluant, que l'année a été bien remplie. Mais le travail appelle le travail. Les matériaux sont à pied d'œuvre. Persévérons.

Fernand LEFRANC.

Le Contrat collectif du Travail

EXPOSÉ DE LA COMMISSION

La commission des réformes sociales a consacré plusieurs séances à l'examen des questions relatives à l'établissement du contrat collectif de travail et maintenu dans ses fonctions de rapporteur M. Gaston Gros, auteur de l'important travail soumis, l'an dernier, au congrès de Rouen, et envoyé, suivant sa décision, à nos fédérations et comités.

M. Gros s'est imposé un effort considérable dont nous devons lui savoir gré ; il a fait une critique serrée des projets Doumergue et Viviani, développé sa conception personnelle et rédigé un texte de loi. Mais certaines divergences de vues se sont produites entre la commission et son rapporteur.

Aussi a-t-il été décidé de publier :

1° Un exposé présenté par la majorité de la commission ;

2° Les vœux présentés par M. Gros et adoptés par elle ;

3° La troisième partie du travail de M. Gros et son projet de loi.

Ces documents serviront de base à la discussion qui s'ouvrira devant le congrès de Nîmes, où M. Maurice Vollaeys est chargé plus spécialement par la commission de défendre ses résolutions.

Ont suivi les travaux de la commission : MM. Paul Falot, président ; Paris (député), Brichaux et Pène, vice-présidents ; Gaston Gros, rapporteur ; Billiet, Morin, secrétaires ; Canu, Lelor, Forestier, Forgeois, Peyre, Vollaeys, Douzet, Goulhot, Fabius de Champville, J. Cahen, Froment, Coulon.

EXPOSÉ DE LA COMMISSION

I

De plus en plus les conflits entre employeurs et employés se terminent par des conventions collectives de travail qui sont appelées à diminuer la violence sinon le nombre des différends entre le capital et le travail.

Si les conventions collectives n'ont pas donné jusqu'à ce jour complète satisfaction aux contractants cela tient sans doute au manque d'expérience des parties en cause, à l'incomplète définition des parties contractantes ainsi qu'au manque de sanction à l'égard de ceux qui violent les conventions.

Le Parlement ne peut méconnaître l'importance que pourrait avoir l'exécution loyale des conventions collectives en supprimant de nombreuses causes de conflits et il doit au plus tôt voter une loi sur les conventions collectives de travail.

La commission des réformes sociales estime que le contrat collectif contribuera de plus en plus à l'apaisement social en assurant la continuité du travail et de la production.

Le contrat collectif du travail est une convention passée entre un ou plusieurs employeurs et une collectivité d'employés pour déterminer les conditions générales, professionnelles et régionales du travail et des contrats individuels qui pourront en être la conséquence.

Cette convention collective devra indiquer à quelles catégories de personnes et à quelles régions déterminées s'imposent les obligations qu'elle prévoit ; à défaut de ces stipulations les conditions prévues par la convention doivent être obligatoires pour tous les contrats individuels que passerait chaque adhérent, même avec des personnes étrangères à la convention.

La convention devra être écrite à peine de nullité et déposée pour publicité aux secrétariats des conseils des prud'hommes et aux greffes de justice de paix des régions intéressées.

Par dérogation à l'article 1325 du code civil, il pourra ne pas être fait autant d'exemplaires de la convention que de parties.

La convention pourra être conclue pour une durée déterminée ou pour une durée indéterminée.

La convention à durée indéterminée pourra toujours cesser par la volonté de l'une des parties adhérentes, à charge pour les représentants de cette partie, mandatés à cet effet, de prévenir l'autre partie au moins trois mois à l'avance.

Toute stipulation tendant à abréger ce délai serait nulle.

La convention à durée déterminée qui arrivera à expiration continuera, sauf stipulation contraire, à produire ses effets comme convention à durée indéterminée.

II

La convention collective ne pourra obliger que les parties contractantes et qui auront approuvé soit personnellement soit par mandataire les termes du contrat.

Seront obligés par cette convention tous les membres d'un syndicat, d'une union ou fédération de syndicats partie à cette convention à condition que ces membres aient été appelés préalablement à en ratifier les conditions et termes.

Toutefois les membres qui refuseraient de ratifier ou d'appliquer la convention ne seraient pas liés par elle si, dans un délai à déterminer à dater du dépôt légal ils démissionnaient de bonne foi de leur organisation corporative.

Devront être également considérés comme adhérents à la convention ceux qui postérieurement à son dépôt légal entreront dans une organisation professionnelle participante ou adhérente à la convention ou qui feraient par écrit une déclaration d'adhésion au secrétariat du conseil des prud'hommes ou au greffe de la justice de paix de leur canton.

III

Les obligations qui découlent de la convention sont de deux sortes, les unes collectives, les autres individuelles.

Les obligations individuelles sont du ressort de la juridiction ordinaire, il ne paraît pas indispensable d'apporter de modification au droit commun.

Les obligations collectives doivent entraîner pour les parties qui manqueraient à leurs engagements une responsabilité.

Cette question de responsabilité est discutée vivement par tous ceux qui s'occupent de l'élaboration de la législation du contrat collectif, car elle est pour beaucoup dépendante de la question de solvabilité.

Les uns estiment que la responsabilité morale est suffisante pour les syndicats ouvriers, mais ils ne disent pas si cette responsabilité morale est suffisante pour réprimer les violations des engagements patronaux.

Nous croyons qu'une sanction morale ne serait pas suffisante.

Reste la responsabilité pécuniaire.

La responsabilité pécuniaire est en principe illimitée.

La commission s'est déclarée nettement hostile au principe de la responsabilité pécuniaire illimitée, qu'elle considère comme dangereuse pour l'existence même des syndicats ; ce serait aller à l'encontre du but poursuivi.

Reste la responsabilité limitée.

La commission estime qu'il est nécessaire d'insérer dans la loi sur les conventions collectives le principe de l'égalité de responsabilité des parties, car il ne peut être admis qu'en cas d'inexécution d'obligations, des dommages-intérêts plus forts ou plus faibles puissent être alloués à une des parties en cause.

La commission est également d'avis que sauf conventions contraires stipulées dans la convention collective, la loi doit limiter les dommages-intérêts à payer en cas d'inexécution de la convention.

En cas d'inexécution du contrat, la partie qui viole ses engagements devra être condamnée par la juridiction ordinaire à exécuter loyalement le contrat ; elle pourra en outre être condamnée à des dommages-intérêts ne dépassant pas mille francs ainsi qu'à des insertions dans les journaux et à l'affichage du jugement, le montant total de cette publicité ne pouvant, en aucun cas, être supérieur à cinq cents francs.

La commission estime que cette sanction pécuniaire limitée est suffisante, jointe à la sanction morale, car, en France, on attache une importance considérable au jugement d'un tribunal donnant raison à l'une des parties, surtout lorsque l'autorité de ce jugement est augmentée par la publicité.

IV

Remaniement de la loi de 1884

Le principe de la responsabilité pécuniaire même limitée étant admis, il apparaît que la capacité de posséder doit être accordée aux syndicats.

Il faut reconnaître qu'actuellement une grande différence de responsabilité existe entre les parties contractantes : d'un côté les patrons peuvent être rendus responsables des infractions constatées, puisqu'ils présentent une garantie sérieuse de solvabilité, mais il n'en est pas de même en ce qui concerne les syndicats ouvriers qui ne possèdent rien dans leur caisse ou qui peuvent se rendre insolvables.

Les mêmes garanties doivent être fournies par chacune des parties contractantes et il faut que chaque partie contractante puisse payer des dommages-intérêts auxquels elle aurait été condamnée.

La commission estime que pour assurer l'application de la jurisprudence sur les conventions collectives de travail, la loi doit accorder aux syndicats la capacité civile afin d'assurer l'exécution loyale des conventions.

VŒUX

La commission décide de proposer au congrès de Nîmes l'adoption des vœux suivants :

PREMIER VŒU

Le congrès,

Considérant que le congrès tenu à Rouen en 1910 avait invité les parlementaires du parti à déposer une proposition de loi sur les conventions collectives de travail ;

Considérant que le parti républicain radical et radical-socialiste ne doit se laisser devancer par aucun autre dans la voie des réformes sociales ;

Renouvelle le vœu :

Que le Parlement étudie sans retard un projet de réforme législative sur les conventions collectives de travail, conforme à la doctrine du parti républicain radical et radical-socialiste.

DEUXIÈME VŒU

Le congrès,

Considérant que seulement un long usage d'une capacité juridique étendue permettra aux syndicats patronaux et ouvriers d'étendre leurs ressources ; que les risques engagés par des violations des conventions collectives doivent être égaux pour les employeurs et les employés ; que l'extension à ces conventions de l'article 1149 du code civil détruirait cette égalité ;

Considérant que, quelque tumultueuse qu'en soit la croissance, l'organisation syndicale répond à un besoin inéluctable de justice sociale ;

Qu'il apparaît que ce soit seulement par son développement que seront diminués de violence et de fréquence les conflits du travail et du capital ;

Que des condamnations à des réparations pécuniaires excessives ruineraient les syndicats puissants sans entraver l'agitation des autres ;

Qu'ainsi l'adoption du principe de la responsabilité illimitée compromettrait les destinées du mouvement syndical, nuirait à la cause de la liberté sans profit pour l'ordre public qui en est inséparable ;

Considérant enfin que la tendance caractéristique du droit collectif le porte nominativement à limiter la responsabilité pécuniaire des collectivités, et que la présomption légale de l'article 1149 du code civil n'y correspond pas à la réalité,

Emet le vœu :

Que la responsabilité pécuniaire engagée par les conventions collectives soit limitée par une présomption égale au profit de tou-

tes les parties sans restreindre en aucune mesure le principe absolu de la liberté des contrats.

TROISIÈME VŒU

Le congrès,

Considérant que la jurisprudence actuelle donne souvent force d'usage aux conditions du travail déterminées par les conventions collectives ;

Qu'une convention collective passée entre parties possédant une grande puissance économique et publiée ne saurait être dédaignée par les autres employeurs et employés de la région, si elle ne doit pas les y obliger ;

Emet le vœu :

Que la convention collective fixe l'usage de la région où elle a été régulièrement conclue par des parties possédant une puissance économique certaine.

Le vœu suivant avait été en outre présenté par M. Gros. La commission l'a rejeté :

Le congrès,

Considérant que la législation sur les sociétés est fondée sur le principe absolu de la souveraineté du pacte statutaire ;

Qu'il s'impose aujourd'hui à tous les associés et quel que soit l'objet de l'association ;

Qu'une dérogation, à propos de la convention collective, et pour affaiblir les groupements professionnels, serait une injustice.

EMET LE VŒU :

QUE LA CONVENTION COLLECTIVE RÉGULIÈREMENT CONCLUE OBLIGE TOUS LES SYNDIQUÉS QUI N'EN SERAIENT PAS AFFRANCHIS PAR UNE DISPOSITION DE SON TEXTE OU DES STATUTS DE LEUR GROUPEMENT.

RAPPORT DE M. GASTON GROS

III

Projet de loi sur les conventions collectives du travail

Les principes appliqués dans ce texte, qui est aux Annexes, ont été exposés et justifiés (1). Il suffit donc de les mettre, en quelque sorte, en action, et de montrer qu'ils s'accordent avec l'ensemble de notre législation.

On s'en rendra compte aisément par la lecture et par les quelques éclaircissements qu'il faut donner à ceux qui ne sont pas versés dans la science du droit.

Le plan est dominé par la distinction nécessaire entre les trois conventions collectives (2). Il y a, entre elles, un grand nombre de caractères semblables auxquels doivent correspondre des règles communes. Au contraire, il convient de prévoir des dispositions spéciales pour le cas particulier de chaque convention.

C'est ce qu'on s'est efforcé de faire par la division en quatre *titres*, précédés de *dispositions préliminaires* dont l'objet même est de préciser le plan que je viens d'exposer (3).

---

(1) *Rapport au congrès de Rouen*, p. 85.

(2) *Ibid*, p. 86.

(3) Cf. *Ibid*. Pour les commentaires des dispositions préliminaires.

TITRE PREMIER

Dispositions générales

Le TITRE PREMIER est, pour la clarté, subdivisé lui-même en cinq sections. De sorte qu'ainsi on peut suivre d'étape en étape le contrat, depuis le moment où il se forme jusqu'au moment où il prend fin.

SECTION I

A. Formation des conventions collectives

Dans l'ordre logique, il conviendrait de déterminer ici quelles doivent être les parties contractantes et de prendre position dans le grave débat que cette question soulève. Mais comme la solution ne peut être la même pour toutes les conventions, on est contraint de reporter cette disposition aux titres suivants.

Forme de l'acte. — Rien ne s'oppose, au contraire, à ce qu'on prescrive les mêmes conditions de forme.

Il n'est point contesté, en effet, que le contrat verbal ne doive être proscrit ; et, de la nécessité d'un écrit, il s'ensuit que s'imposent la rédaction en autant d'originaux (1) que de parties contractantes, et l'exclusion de la preuve testimoniale. Ces règles sont conformes au droit commun, qui exige la formalité de l'écrit pour tous les contrats dont l'objet dépasse en valeur la somme de cent cinquante francs (2). Il n'y a donc pas lieu de s'y attarder ; mais il convenait de les noter, afin de mettre en évidence le contact étroit qui doit être maintenu entre toute loi nouvelle et l'ensemble de notre législation.

Pour ce qui est des formalités qu'il convient de prescrire pour donner aux conventions collectives une publicité nécessaire, on ne saurait en traiter dans les DISPOSITIONS GÉNÉRALES, car il est évident qu'il faut les adapter aux caractères de chaque sorte de convention.

Le principe étant admis, le mode d'application est d'ailleurs détail secondaire qui ressort plutôt à un règlement d'administration publique.

Capacité des parties. — Il ne s'agit point ici de décider si du côté des employés, il faut réserver aux syndicats le droit de contracter, ou si on peut l'étendre aux comités de grève et autres groupements occasionnels, mais de déterminer les conditions nécessaires pour habiliter les représentants des groupements contractants.

Le plus souvent, les statuts réglementeront le cas. Il faudra, alors, les appliquer dans toute leur étendue, comme on le fait en matière de sociétés civiles ou commer-

---

(1) Art. 1325 c. civ. : « Les actes sous seing privé qui contiennent des conventions synallagmatiques ne sont valables qu'autant qu'ils ont été faits en autant d'originaux qu'il y a de parties ayant un intérêt distinct. — Il suffit d'un original pour toutes les personnes ayant le même intérêt. — Chaque original doit contenir la mention du nombre des originaux qui en ont été faits. — Néanmoins, le défaut de mention que les originaux ont été faits doubles, triples, etc., ne peut être opposé par celui qui a exécuté de sa part la convention portée dans l'acte. »

(2) Art. 1341 c. civ. : « Il doit être passé acte devant notaires ou sous signature privée de toutes choses excédant la somme ou valeur de cent cinquante francs, même pour dépôt volontaire ; et il n'est reçu aucune preuve par témoins contre et outre le contenu aux actes, ni sur ce qui serait allégué avoir été dit avant, lors ou depuis les actes, encore qu'il s'agisse d'une somme ou valeur moindre de cent cinquante francs. »

ciales (1). Le pacte social constitue l'engagement de tous les associés ; en adhérant chacun d'eux en accepte toutes les dispositions ; nulle part le principe de la liberté des conventions n'est plus nécessaire ni plus légitime. Ce serait une injustice et une faute que d'y porter atteinte.

Si les statuts sont muets, il revient à la loi de prendre les mesures convenables. Elle offre par là aux contractants comme une sorte de convention tacite : ils sont présumés s'en être référés aux dispositions légales. Des exemples nombreux pourraient être tirés de notre droit (2).

Il ne semble pas que l'on puisse donner pleins pouvoirs aux membres du bureau du syndicat. Engager pour plusieurs années la collectivité ouvrière ou patronale, modifier profondément parfois les conditions générales du travail, suspendre le droit de grève ou de lock-out en ajournant d'autorité les revendications non satisfaites et en interdisant pour un temps toute revendication nouvelle ou en prolongeant une situation peut-être ruineuse, voilà des responsabilités trop lourdes pour des hommes qui n'ont point été investis expressément d'une confiance exceptionnelle.

L'acte par lequel on les engage dépasse infiniment les actes de simple administration. Le bureau qui, à moins de dispositions statutaires spéciales, n'est qu'un administrateur, n'a pas le pouvoir de l'accomplir.

Seule, l'assemblée générale a assez d'autorité. C'est donc à elle qu'il faut remettre le choix des représentants du syndicat. Bien entendu, il faut faire intervenir la loi de la majorité sans laquelle aucune association n'est possible.

Le plus souvent, dans les statuts des grandes organisations comme les fédérations et les syndicats divisés en sections, on aura réglementé les conditions pour passer les conventions collectives;mais, en cas d'omission, il se trouverait que le système de la loi ne pourrait être appliqué. Comment, en effet, réunir en une seule assemblée générale tous les membres de la Fédération du Livre, des Chemins de fer ou même des mineurs du Nord et du Pas-de-Calais ?

Il est donc nécessaire de recourir au vote par correspondance. Chaque syndicat ou chaque section prendra donc une décision dans une assemblée générale et disposera, pour l'appuyer, d'un nombre de votes proportionnel au nombre de ses membres.

B. Adhésion aux conventions collectives déjà formées

Quand une convention collective a été passée dans une région, il est profitable à tous de la généraliser. Ainsi seront unis respectivement, par une solidarité plus étroite, les intérêts du travail et du capital.

C'est pourquoi il convient de donner le droit d'adhérer à tous ceux qui ont celui de passer pour soi-même une convention.

Quant aux formalités qu'ils devront remplir, il faut les faire très simples et correspondre aux formalités prescrites pour la publicité.

C. Vices du consentement

Autant que l'arbitrage obligatoire, n'aura pas été établi, les conflits du travail ne seront tranchés que par la force, ainsi qu'entre les nations.

(1) Cf. *Ibid.* p. 98.

(2) Ainsi en ce qui concerne le régime matrimonial, la dévolution successorale, le contrat de louage, de société, etc...

Les concessions inscrites dans les conventions collectives sont presque toujours, de part et d'autre, obtenues par la menace, sinon par la violence ouverte. Aussi a-t-on comparé maintes fois et très justement ces contrats à des traités de paix. Le recours à la force est à ce point habituel que, sans ces accords de plus en plus nombreux, le régime du travail serait l'état de guerre.

C'est donc leur caractère propre d'être produits par la violence.

Dans le droit commun, ils en seraient atteints d'une nullité radicale que l'on nomme : vices du consentement (1).

En donnant aux employés le droit de grève et en fortifiant, par réciprocité, le droit de lock-out que possédaient les employeurs, le législateur a légitimé ces moyens de contrainte ; mais ils ne sont pas les seuls par lesquels il est possible à une partie de peser sur la volonté de l'autre. Le *boycott* et la *mise à l'index* ont, depuis longtemps, prouvé leur efficacité. Bien que, au regard de la société, il y ait lieu de les préférer, car jamais ils ne peuvent tourner en émeutes, ni étendre les ruines (2), la jurisprudence leur refuse droit de cité. A ses yeux, ils sont des quasi-délits et motivent des condamnations civiles.

On est donc fondé à craindre qu'elle ne tienne pour générateurs de vices du consentement et n'annule les conventions obtenues par leur emploi. On doit donc, par une disposition de la loi, autoriser l'usage normal de ces procédés de contrainte.

Mais si, dans l'état de notre législation sociale, il y a là un droit nécessaire, l'exercice n'en doit pas dégénérer en abus. Non seulement l'ensemble de nos lois. mais la société elle-même seraient compromis si, à côté de l'usage normal du droit, on laissait s'établir l'abus. Les articles 1382 à 1386 du code civil, qui traitent des « délits et quasi-délits », sont ceux que les tribunaux appliquent le plus.

C'est que, en effet, il appartient aux juges d'apprécier en fait et de punir la malignité ou la mauvaise foi quand elles se cachent sous le masque de la loi. Ils diront dans chaque cas si on a dépassé les limites de l'*exercice normal* de la grève, du lock-out, du boycott ou de la mise à l'index.

Leur décision sera rendue dans le tumulte des passions exaspérées par la souffrance. Nulle part leur mission n'apparaît plus haute et leur responsabilité plus lourde. Pour qu'ils soient écoutés, la force publique n'est point assez, il faut toute l'autorité d'une impartialité incontestée.

Malheureusement, les ouvriers, au sortir d'une longue servitude, accusent la justice d'être inspirée par un esprit de classe dont quelques exemples ont parfois révélé l'existence. Quand on veut qu'ils y soient soumis, ils s'insurgent, dévorés de soupçons, et prétendent s'y soustraire.

Le législateur commettrait une irréparable faute s'il cédait à cette dangereuse exigence. Qui dira à quel abîme mènerait une telle faiblesse ? Aujourd'hui, les classes ouvrières suspectent la magistrature « bourgeoise », demain, les catholiques disqualifieront les juges républicains, ou inversement, et, de proche en proche, l'anarchie gagnera toutes les classes de la société. Une nation ne peut pas vivre dans la méfiance de ses magistrats, car elle a, d'abord, besoin de justice. Si les hommes manquent à leur de-

(1) Art. 1108 c. civ. : « Quatre conditions sont *essentielles* pour la validité d'une convention : le consentement de la partie qui s'oblige... »

Art. 1109 : « Il n'y a point de convention valable si le consentement... a été extorqué par violence... »

(2) Cf. *Rapport au congrès de Rouen*, p. 83.; 105 et suiv.

voir, il revient au gouvernement de les y rappeler ; si — et il en est ainsi en France — l'organisation judiciaire vieillit, il faut la réformer. Mais tous les citoyens doivent y être soumis.

IV

PROJET DE LOI SUR LA CONVENTION COLLECTIVE

(Suite)

SECTION II

Obligations résultant des conventions collectives

Lorsqu'une convention collective a été signée dans une corporation, il en naît deux sortes d'obligations.

D'abord, une obligation pour les contractants, employeurs ou syndicats, d'exécuter leur engagement dans toutes ses parties ; on peut la désigner par l'expression : *obligation collective*.

Ensuite, une obligation pour les individus de conformer les contrats individuels de travail aux règles générales établies par la convention. C'est *l'obligation individuelle*.

Il est évident que les signataires d'une convention collective ne doivent rien faire qui soit en contravention avec les engagements qu'ils ont pris, et que si, sans même menacer expressément de grève ou de lock-out, l'un d'eux prétendait modifier à son profit les conditions du travail convenues pour une période déterminée, il commettrait une faute dont je rechercherai plus loin les sanctions.

Faut-il aller plus avant ? Le propre de la convention collective, c'est d'exiger, pour être exécutée, la bonne foi de deux sortes d'obligés : les collectivités et les individus. Les seconds sont les véritables agents d'exécution en appliquant les clauses de la convention dans leurs contrats individuels ; les premières sont surtout tenues de ne point y apporter d'entraves.

Est-ce assez demander aux syndicats que de respecter cette obligation négative ? La convention ne vaut que par l'influence des organisations contractantes ; si les individus contreviennent, n'est-ce pas le devoir de celles-ci de les rappeler à la discipline, et ceux qui ont toute confiance en cette influence ne sont-ils pas fondés à exiger qu'elles le remplissent vigoureusement ? Ce raisonnement est assurément très fort ; mais, pour le consacrer par un texte, il ne semble pas que le syndicalisme soit assez développé. A cet égard, on ne saurait avoir trop de prudence.

Les parties ont le droit, par une stipulation expresse, de transformer en obligation positive l'obligation négative du syndicat. Mieux vaut les laisser juges de l'opportunité. On cède trop à l'attrait de la prescription de détail. Ainsi la loi déchoit en règlement ; son autorité en est énervée, la liberté atteinte.

L'obligation individuelle n'appelle aucun éclaircissement ; mais il faut déterminer ceux qui doivent y être assujettis.

D'abord, les membres des syndicats engagés par la convention. Sur ce point, il ne peut être élevé aucune objection.

Que décider de ceux qui ont quitté le syndicat ? Le projet Viviani, on l'a vu, propose d'accorder à tous les membres un délai pour se dégager par la démission. J'ai combattu en son lieu ce système.

Il semble, au contraire, qu'on doive tenir pour assujettis à l'obligation individuelle tous ceux qui étaient syndiqués au moment

la convention collective est devenue définitive, soit par l'autorité de la loi (1) soit
par statuts. C'est le droit commun des sociétés, je ne le justifierai pas plus.

A plus forte raison, ceux qui sont entrés
dans le syndicat après la conclusion de la
convention et l'accomplissement des formalités de publicité, doivent demeurer assujettis, même s'ils démissionnent, car ils ont
agi en connaissance de cause et ont donné
par un coup leur adhésion au groupement et
à la convention.

Il convient donc de prévoir trois sortes
d'assujettis à l'obligation individuelle :

1° Ceux qui font partie d'un syndicat contractant ou adhérent à la convention ;

2° Ceux qui en étaient membres au moment où le syndicat l'a conclue ou y a
adhéré ;

3° Ceux qui en ont été membres à un
moment quelconque après cette conclusion
ou cette adhésion.

Interprétation de la convention. — Ici encore, on doit se conformer aux règles très
sages qui ont été posées par le législateur
du code civil pour l'interprétation des conventions (2).

Donner à la convention collective le caractère des contrats de bonne foi est d'autant plus indispensable que, le plus souvent, elle est conclue par des hommes igno-
rants du droit. Sans doute, à mesure qu'elle
se développera, ils recourront davantage
aux conseils des spécialistes qui se forment
peu à peu pour acquérir certains ingénieurs
pour prendre les brevets d'invention. En
Angleterre, cet organe est déjà arrivé à un
haut degré de perfectionnement, et les
grandes Unions donnent des honoraires
considérables à des savants, à la fois techniciens et juristes, qu'elles chargent de ré-
diger les conventions.

Même si nous étions parvenus à ce progrès, le juge devrait encore, pour interpré-
ter les textes de ces contrats, faire céder à
l'esprit qui vivifie la lettre qui tue.

(1) Sur ce point, voir la section précédente.

(2) Art. 1156 : « On doit, dans les conventions,
chercher quelle a été la commune intention
des parties contractantes, plutôt que de s'arrêter
au sens littéral des termes. »

Art. 1157 : « Lorsqu'une clause est susceptible
de deux sens, on doit plutôt l'entendre dans celui avec lequel elle peut avoir quelque effet, que
dans le sens avec lequel elle n'en pourrait produire aucun. »

Art. 1158 : « Les termes susceptibles de deux
sens doivent être pris dans le sens qui convient
le plus à la matière du contrat. »

Art. 1159 : « Ce qui est ambigu s'interprète par
ce qui est d'usage dans le pays où le contrat est
passé. »

Art. 1160 : « On doit suppléer dans le contrat
les clauses qui y sont d'usage, quoiqu'elles n'y
soient pas exprimées. »

Art. 1161 : « Toutes les clauses s'interprètent
les unes par les autres, en donnant à chacune
le sens qui résulte de l'acte entier. »

Art. 1162 : « Dans le doute, la convention s'interprète contre celui qui a stipulé, et en faveur
de celui qui a contracté l'obligation. »

Art. 1163 : « Quelque généraux que soient les
termes dans lesquels une convention est conçue,
elle ne comprend que les choses sur lesquelles il
paraît que les parties se sont proposé de contracter. »

Art. 1164 : « Lorsque dans un contrat on a
exprimé un cas pour l'explication de l'obligation, on n'est pas censé avoir voulu par là restreindre l'étendue que l'engagement reçoit de
droit aux cas non exprimés. »

V

PROJET DE LOI SUR LA CONVENTION COLLECTIVE
(Suite)

SECTION III

Sanctions des obligations résultant de la convention collective

§ 1er. — Action collective

Pour assurer l'exécution des deux sortes
d'obligations résultant de la convention, il
est nécessaire de créer deux sortes d'actions : une collective et une individuelle.

Il importe de noter que ces deux actions
n'étant pas de même nature, l'exercice ne
se heurtera pas à la maxime *non bis in
idem* ; elles ne s'excluront pas l'une l'autre, mais, au contraire, pourront être enga-
gées soit simultanément, soit successivement. Si l'on décidait autrement, il se trouverait que, toujours, l'une des obligations
serait privée de sanction.

La raison d'être de l'action collective est
de défendre la collectivité contre le préjudice que lui cause la violation de la convention. Il appartient donc de l'exercer à ceux
qui ont la garde des intérêts communs,
c'est-à-dire aux signataires et aux adhérents. La qualité du défendeur ne modifie
pas le caractère juridique de l'action, qui
demeure collective, qu'elle soit engagée
contre une partie contractante ou adhérente
à la convention, ou contre un assujetti qui
aurait commis la contravention dans un
contrat individuel. Dans les deux cas, le
demandeur poursuit la réparation d'un
dommage causé à la collectivité et non à
lui-même.

Il est évident qu'ici la maxime *non bis
in idem* reprend tout son empire. L'exercice de l'action collective par une partie
épuisera le droit de la collectivité. Si plusieurs parties sont chargées de ses intérêts, elles se trouveront, à l'égard du contrevenant, comme les créanciers solidaires
à l'égard des débiteurs : tous peuvent demander le paiement de la créance, mais le
paiement fait à l'un d'eux est libératoire,
encore que le bénéfice de l'obligation soit
partageable (1).

Toutefois, il serait choquant d'attribuer
au plus diligent le profit de la réparation civile. Les autres parties contractantes ou adhérentes, ayant au procès
un intérêt incontestable, possèdent donc le
droit d'y intervenir (2). Il paraît juste de
les mettre à même de l'exercer en soumet-

(1) Art. 1197 c. civ. : « L'obligation est soli-
daire entre plusieurs créanciers lorsque le titre
donne expressément à chacun d'eux le droit de
demander le paiement du total de la créance, et
que le paiement fait à l'un d'eux libère le débiteur, encore que le bénéfice de l'obligation soit
partageable et divisible entre les divers créanciers. »

Art. 1198 : « Il est au choix du débiteur de
payer à l'un ou l'autre des créanciers solidaires,
tant qu'il n'a pas été prévenu par les poursuites
de l'un d'eux. Néanmoins, la remise qui n'est
faite que par l'un des créanciers solidaires, ne
libère le débiteur que pour la part de ce créancier. »

Art. 1199 « Tout acte qui interrompt la prescription à l'égard de l'un des créanciers solidaires, profite aux autres créanciers. »

(2) « Toute personne peut intervenir dans une
instance, dès lors qu'elle y a intérêt. » Cass. civ.
1er juin 1891. D. 92. 1. 212. — « Un intérêt qui se
fonde sur un droit éventuel est un motif suffisant pour intervenir. » Orléans 31 mars 1892
D. 92. 2. 105.

tant la demande à une formalité de publicité, comme il est général de le faire lorsque la décision est de nature à modifier
le droit des tiers.

Ainsi les demandes qui tendent à modifier le régime matrimonial ou à restreindre
la capacité civile des citoyens.

§ 2. — Sanction de l'action collective
La responsabilité

Ici se pose le grave problème connu
sous la désignation impropre de « *responsabilité syndicale* ».

J'en ai exposé les termes plusieurs
fois (1), mais puisqu'il s'agit de le résoudre, il est utile de le reprendre dans son
ensemble.

I. LA RESPONSABILITÉ ET LA SOLVABILITÉ DISTINCTION

Le débat se déroule, le plus souvent,
dans la confusion des termes *responsabilité* et *solvabilité syndicales*. Il faut, d'a-
bord, la dissiper.

A. — La RESPONSABILITÉ d'une obligation,
c'est *une sanction telle que l'obligé soit
constitué débiteur s'il contrevient à son
obligation.*

En droit français, la dette est toujours
pécuniaire (2) ; mais il n'est pas exact que
la responsabilité soit également pécuniaire.
Certaines obligations, notamment celles
dont la cause est illicite, s'accompagnent
d'une *responsabilité morale.* La doctrine
les nomme des *obligations naturelles.* Le
créancier de l'obligation ne peut en poursuivre l'exécution ; mais si l'obligé a exécuté, il ne peut agir en répétition de l'indû.
Ainsi le joueur qui a payé sa dette (3), et
sans qu'il y ait aucune application de la
maxime *nemo creditur turpitudinem suam
allegans* (4), mais, par une disposition de
la loi (5) à ce point impérative que le
joueur commet un vol en reprenant sur la
table son enjeu aussitôt après l'avoir
perdu (6). Ce n'est point une exception ; on
pourrait multiplier les exemples : paiement
des différences de spéculation faite sur va-
leurs cotées au marché de la coulisse, de
paris relevés par des *bookmakers*, de cour-
tages matrimoniaux, même du *pretium
stupri*, etc.

L'OBLIGATION NATURELLE EST FRÉQUENTE EN
DROIT FRANÇAIS, ET N'EST SANCTIONNÉE QUE PAR
UNE RESPONSABILITÉ MORALE. Voilà ce qu'on
oublie lorsqu'on objecte, comme trop souvent, qu'il n'y a point d'obligation sans responsabilité pécuniaire.

Quelle que soit la fortune du contrevenant, lorsque la responsabilité est pécuniaire, elle n'a, *en principe*, pour limite que
l'étendue du préjudice (7) qui pouvait être

(1) Voy., notamment, *Rapport au congrès de
Rouen* p. 101 à 108.

(2) Art. 1142 C. civ. : « Toute obligation de
faire ou de ne pas faire se résout en dommages-
intérêts, en cas d'inexécution de la part du débiteur. »

(3) Art. 1965 C. civ. : « La loi n'accorde aucune
action pour une dette de jeu ou pour le paiement
d'un pari. »

(4) On n'écoute point celui qui invoque sa propre faute.

(5) Art. 1967 : « Dans aucun cas, le perdant ne
peut répéter ce qu'il a volontairement payé, à
moins qu'il n'y ait eu de la part du gagnant
dol, supercherie ou escroquerie. »

(6) Cass. cr. 2 février 1892. D. 1. 472.

(7) Art. 1149 C. Civ. : « Les dommages et intérêts dus au créancier sont, en général, de la
perte qu'il a faite et du gain dont il a été
privé, sauf les exceptions et modifications ci-
après. »

prévue à la conclusion du contrat (1). Si, toutefois, la contravention constitue une faute inexcusable, un dol, les dommages-intérêts peuvent être étendus à tout le préjudice causé (2). En principe, donc, la responsabilité pécuniaire est illimitée.

Il s'en faut que ce soit là une règle de droit public ; ce n'est, au contraire, qu'une présomption légale de la volonté des contractants, et ils ont le droit de l'écarter par des stipulations contraires (3). La règle de droit public est la souveraineté des dispositions contractuelles (4) ; et celle de l'article 1149 n'a d'autorité qu'en ce qu'elle interprète le silence de ces dispositions. *Lex statuit de plerumque fit* (5).

Le principe de la responsabilité pécuniaire illimitée, s'il est sage dans la plupart des cas, n'est donc point nécessaire, et le législateur aurait pu admettre une autre présomption, soit, notamment, que le débiteur n'a entendu s'engager que dans les limites de ses ressources présentes à moins qu'il n'en ait été convenu autrement. On aurait ainsi créé un lien de droit entre la responsabilité et la solvabilité, lien qui ne se rencontre à aucune page de notre code.

Les jurisconsultes qui l'ont rédigé ont estimé que la règle de l'article 1149 répondait le mieux à l'esprit du droit individuel qu'ils avaient seulement en vue. Mais rien ne s'oppose à ce qu'on en admette une différente dans le droit collectif que les jurisconsultes contemporains ont la tâche de réglementer.

IL N'EST DONC POINT ANTIJURIDIQUE DE PRÉSUMER DANS LA LOI QUE DES CONTRACTANTS ONT EU L'INTENTION DE SANCTIONNER LEURS OBLIGATIONS, SOIT D'UNE RESPONSABILITÉ MORALE, SOIT D'UNE RESPONSABILITÉ PÉCUNIAIRE LIMITÉE.

B. — LA SOLVABILITÉ, c'est *un état de fortune tel qu'il garantit les créanciers contre tout le préjudice résultant de l'inexécution de l'obligation.*

Je viens de remarquer que, même par simple présomption, notre code civil n'a pas établi de lien entre la responsabilité et la solvabilité (6).

Il est fréquent qu'un insolvable prenne un engagement dont l'inexécution peut causer un préjudice supérieur à ses ressources.

Dans le contrat individuel de travail, cette situation est générale, car c'est un fait économique que l'ouvrier soit un insolvable.

Le contrat n'en est pas moins valable, et la responsabilité qui s'y attache conserve tous ses caractères juridiques.

De ceci, que l'insolvabilité ne modifie ni la nature de l'obligation, ni la responsabilité de l'obligé, il s'ensuit que la recher-

(1) Art. 1150 : « Le débiteur n'est tenu que des dommages-intérêts qui ont été prévus ou qu'on a pu prévoir lors du contrat, lorsque ce n'est point par son dol que l'obligation n'est point exécutée. »

(2) Art. 1150 *in fine* ; art. 1382 : « Tout fait quelconque de l'homme qui cause à autrui quelque dommage oblige celui par la faute duquel il est arrivé à le réparer. »

(3) Art. 1152 : « Lorsque la convention porte que celui qui manquera de l'exécuter paiera une certaine somme à titre de dommages-intérêts, il ne peut être alloué à l'autre partie une somme plus forte ni moindre. »

(4) Art. 1134 : « Les conventions légalement formées tiennent lieu de loi à ceux qui les ont faites. »

(5) La loi a statué de ce qui se fait le plus souvent.

(6) Il y en a quelques traces en droit pénal, ainsi dans le délit de grivèlerie.

che des moyens propres à garantir l'employeur contre les conséquences de l'insolvabilité des syndicats d'employés en les enrichissant, ne rentre pas dans l'objet d'un projet de loi sur la *convention collective*, mais dans celui d'un projet de loi sur l'*extension de la capacité des syndicats*.

Il n'y a donc pas lieu d'en traiter ici.

Beaucoup, cependant, sont convaincus que l'effet de la réforme dont ce *Rapport* poursuit l'étude sera d'augmenter la *Solvabilité* des syndicats. On voit qu'ils commettent une confusion dont il était nécessaire de dissiper l'équivoque.

Il faut qu'il soit définitivement compris que, sans atteindre aucun principe juridique, UNE CONVENTION COLLECTIVE PEUT ÊTRE CONCLUE AVEC UN SYNDICAT INSOLVABLE, ET QUE CETTE CONVENTION PEUT ENGAGER POUR LES CONTRACTANTS, SOIT UNE RESPONSABILITÉ ILLIMITÉE, SOIT UNE RESPONSABILITÉ LIMITÉE PÉCUNIAIREMENT, SOIT SEULEMENT UNE RESPONSABILITÉ MORALE.

II. PARTI DE LA RESPONSABILITÉ

Cette discussion juridique était nécessaire pour montrer quelle est la position et la portée du débat que peut soulever la question de la responsabilité dans la convention collective.

Je vais maintenant exposer les arguments des deux partis.

1er argument. — *L'esprit du droit.* — Les partisans de la responsabilité illimitée invoquent, d'abord, à l'appui de leur thèse, les dispositions de notre droit. Ils redoutent de porter la main sur des règles consacrées par une expérience séculaire, et soutiennent que le principe de la responsabilité illimitée s'est identifié à la notion même de l'obligation, au point de faire à nos yeux d'une obligation affranchie de ce principe une sorte de monstruosité juridique.

Faisant valoir les considérations par lesquelles j'ai combattu l'ensemble du projet Viviani, ils veulent, avec scrupule, inspirer les réformes législatives de l'esprit par lequel notre code a conquis une gloire universelle, et encadrer le droit collectif nouveau par les règles rigides de l'ancien droit individuel. C'est ainsi que la convention collective nous paraît devoir être soumise à toutes les dispositions du code civil sur les contrats et obligations augmentées de quelques additions.

Il s'ensuit qu'ils ne se résignent ici à abandonner ni même à atténuer les articles 1149 et 1382, et qu'ils estiment indispensable de leur conserver toute leur autorité.

2e argument. — *Les conséquences de l'irresponsabilité.* — Après avoir élevé ces objections de principe, ils étudient les conséquences de l'irresponsabilité.

Ils représentent que, dans leurs actions, les hommes ne s'embarrassent guère de scrupules, et combien il est dangereux de tenter sans cesse le respect des engagements pris par l'intérêt, de les rompre sans risques ; qu'en supprimant volontairement l'obligation de réparer une faute, on semble l'admettre comme normale et donner une sorte de prime à la mauvaise foi ; qu'on frappe ainsi, dès l'origine, toute convention collective d'une suspicion funeste.

Pour éviter le reproche d'immoralité, une telle condescendance doit être motivée par des considérations exceptionnelles. Elle a trouvé place dans nos lois, mais au profit de ceux qu'une infériorité intellectuelle soumet à des entraînements irrésistibles, et toujours elle s'accompagne et se justifie

d'une réduction de la capacité civile directement proportionnelle à la diminution de la responsabilité et d'une suppression complète des droits politiques. Au dernier degré, c'est les enfants et les déments, dont la responsabilité et la capacité sont également nulles. Puis on voit naître simultanément le droit de tester, avec une certaine responsabilité pénale, lorsque les premiers atteignent l'âge du discernement, ou que les seconds ont des intervalles lucides. A un degré au-dessus, c'est une responsabilité civile et une capacité réduite pour les mineurs émancipés et les pupilles de conseil judiciaire.

Est-ce le régime auquel on se propose de soumettre les syndicats ouvriers ? Outre que leurs membres possèdent leurs droits politiques, ils prétendent être parvenus à une capacité morale si haute qu'ils demandent en un langage impérieux qu'on leur remette l'administration des intérêts généraux de toute la classe ouvrière ; qu'ils discutent avec l'employeur les questions les plus délicates, et se croient à la veille de participer à la direction même de l'entreprise.

C'est pour ces chefs que l'on estime trop lourdes les responsabilités que supportent tous les citoyens ! Qui osera dire que la « conscience » où le prolétariat affirme qu'il est parvenu n'est pas une conscience des devoirs comme des droits ?

3e argument. — *L'opinion des employeurs.* — A ces arguments frappants, les partisans de la responsabilité illimitée ajoutent ceux qu'ils puisent dans la psychologie des rapports sociaux.

L'employeur, disent-ils, est un homme pratique qui apprécie un acte d'après sa valeur réelle et non théorique.

Il ne conclut un contrat qu'après avoir mesuré les garanties d'exécution que lui donnent à la fois la loyauté commerciale et la solvabilité de l'autre partie. Quel étonnement il éprouverait si cette autre partie se réservait le droit de le violer impunément, même en lui offrant la même faculté! Quelle valeur attribuerait-il à l'acte, et comment se déciderait-il à le passer ?

Quoi qu'on tente de lui représenter sur le bénéfice de la réciprocité, il se tiendrait pour engagé à peine de dommages-intérêts envers un contractant affranchi de toute obligation, et par son insolvabilité et par son irresponsabilité.

Cette inégalité n'est point ce qu'il attend de la réforme, mais, au contraire, il lui demande de sanctionner d'une manière effective les conventions collectives, de telle sorte que les syndicats puissent être contraints par des risques certains d'exécuter leurs obligations, acceptant lui-même toutes les conséquences de sa faute s'il vient à manquer aux siennes.

La loi doit répondre à l'intérêt de tous et non seulement de quelques privilégiés. Personne ne conteste que l'heure soit venue de satisfaire aux revendications légitimes des ouvriers, mais en sacrifiant ceux qui, par un âpre labeur, aventurent à la fois leur fortune et leur honneur.

Ce n'est pas par un esprit de vengeance mais d'équité qu'il convient d'inspirer la réparation des injustices sociales. Si les progrès de la convention collective devaient s'accomplir contre les employeurs, ceux-ci seraient fondés à résister en refusant de la conclure. Ce ne serait pas la première fois qu'on aurait compromis l'intérêt du peuple en s'efforçant de le servir avec un zèle trop complaisant.

4e argument. — *La mauvaise volonté des employés.* — On peut craindre, il est vrai, de n'éviter l'échec causé par le refus des patrons qu'en en préparant un autre qui sera causé par le refus des ouvriers. Ceux-ci mènent grand bruit et annoncent que la loi qui admettrait la responsabilité syndicale demeurerait par leur hostilité lettre morte.

Le législateur ne doit pas se laisser intimider par de telles menaces, mais obéir seulement au sentiment du droit et de la justice. Sont-elles, d'ailleurs, vraiment inquiétantes, et peut-on prévoir qu'elles seront exécutées ? Le passé nous rassure. Cette agitation ne s'est-elle pas produite à propos de toutes les réformes sociales qui ont été jusqu'alors réalisées ? Les lois sur les *syndicats*, sur les *accidents du travail*, sur le *repos hebdomadaire* n'ont-elles pas soulevé dans les milieux populaires une hostilité déclarée pour connaître ensuite un plein succès ? Aujourd'hui, la loi sur les *retraites ouvrières et paysannes* rencontre une résistance violente qui, à peine commencée, faiblit déjà. Il faut s'y résigner : dans la société les progrès ne sont accomplis qu'en forçant les répugnances de ceux qui doivent en profiter.

La loi que l'on projette aura le sort de toutes les précédentes : mal accueillie des principaux intéressés, elle s'imposera malgré tout à eux par la force de sa justice et de son utilité. Il suffira, pour qu'elle y parvienne, qu'elle soit juste et utile et elle n'aura ces qualités que si elle admet la responsabilité syndicale.

III. PARTI DE L'IRRESPONSABILITÉ

Les partisans de l'irresponsabilité réfutent point à point ces graves objections.

1er argument. — Les erreurs juridiques de l'autre parti. — Une étude du droit plus réfléchie, répondent-ils aux deux premières, ferait justice de cette conception erronée qui lie inséparablement la notion de l'obligation et les dispositions des articles 1382 et 1149 du code civil.

C'est, d'abord, par suite d'une étonnante confusion qu'on invoque ici l'autorité de l'article 1382.

Il ne règle pas, en effet, la matière des obligations contractuelles, mais *délictuelles* ou *quasi délictuelles*; la réparation qu'il prévoit n'a point sa source dans une convention, mais, au contraire, dans une *faute dommageable* exclusive de la notion de contrat.

Or, le caractère d'une semblable faute est d'être personnelle, et de n'engager que la responsabilité de son auteur. Qui parle d'en affranchir les dirigeants des syndicats ? S'ils commettent un dol, un délit ou un crime, ils sont comme les autres citoyens justiciables des tribunaux civils ou criminels.

Mais quand a-t-on vu une société condamnée par application de l'article 1382 ? Comment une personne morale peut-elle commettre un délit ou un quasi-délit ? Et comment les groupements professionnels pourraient-ils être soumis à cet article ?

En réalité, il ne peut pas être question de ce texte à propos de la convention collective.

Il convient seulement de se demander si par application de l'article 1384 (1) le fait des dirigeants peut engager, outre la leur propre, la responsabilité civile du syndicat qu'ils administrent. Dans ce cas, non seulement il devrait y avoir *faute*, mais encore faute *commise dans l'exercice des fonctions*, et dans la limite des *pouvoirs conférés par les statuts*.

(1) Art. 1384 C. civ. : « On est responsable, non seulement du dommage que l'on cause par son propre fait, mais encore de celui qui est causé par les personnes dont on doit répondre, ou des choses que l'on a sous sa garde. »

Mais n'est-il pas évident que cette question est étrangère à l'objet d'une loi sur la convention collective ?

Si la jurisprudence décidait, comme il serait désirable, que l'abus de la grève ou du lock-out soumet les fauteurs à l'article 1382, s'ensuivrait-il que le syndicat soit responsable par application de l'article 1384 ? Une loi sur la *capacité des syndicats* seule pourrait en décider ; mais il conviendrait de retenir que la législation tend à restreindre dans le droit collectif l'application de l'article 1384 (1).

Quelle que soit l'opinion où l'on se range, il est incontestable que la rupture d'une convention collective, destinée même à éviter la grève ou le lock-out, n'interviendrait que comme élément de faute, mais non de responsabilité.

Il suffit donc de remarquer que les conséquences pour les syndicats de l'abus du droit de grève ou de lock-out ne rentrent pas dans l'objet de notre étude, pour écarter d'un coup tous les arguments que l'on essaye de soutenir par l'autorité absolue et générale des articles 1382 ou 1384.

L'article 1149 est, au contraire, à sa place dans la discussion, mais il n'a pas le même caractère d'ordre public. Si l'idée de responsabilité est inséparable de celle de faute, on a vu que, dans le droit individuel même, elle n'est pas inséparable de la notion d'obligation contractuelle.

On n'est donc pas fondé à parler ici d'immoralité, et, puisque l'article 1149 a statué de *plerumque fit*, toute la question revient à se demander si, en concluant une convention collective, les parties acceptent tacitement, mais *consciemment*, toutes les conséquences des infractions qu'elles pourraient commettre.

Du côté des employeurs, il est possible que cette responsabilité soit admise sans restriction. On ne saurait cependant être affirmatif, car elle est singulièrement redoutable. La violation d'une convention ne suppose pas toujours la mauvaise foi : elle peut être entraînée par une erreur d'interprétation. Il faut imaginer exactement une hypothèse, pour comprendre la gravité de cette obligation. Si un chef d'entreprise, qui occupe 1,000 ouvriers au salaire moyen de 5 francs par jour, trompé par les complexités d'un tarif, provoque à tort une grève de deux mois, non seulement il devra payer pendant toute la durée de la convention des salaires peut-être trop lourds et supporter les pertes considérables qu'il a éprouvées, mais encore il devra verser à chacun de ses ouvriers une indemnité de 300 francs, soit en toute une somme de 300.000 francs, sans préjudice des dommages-intérêts que le syndicat serait en droit de réclamer. En face d'un danger aussi redoutable, peut-on affirmer que tous les employeurs accepteraient légèrement le principe de la responsabilité illimitée ?

(1) Voyez notamment loi du 21 juillet 1907 sur les sociétés par actions :

Art. 8. : « Lorsque la société est annulée... les membres du premier conseil de surveillance peuvent être déclarés responsables, avec le gérant, du dommage résultant pour la société ou *pour les tiers...* » mais non l'ensemble des actionnaires.

Art. 10 : « ...Aucune répétition de dividendes ne peut être exercée contre les actionnaires... »

Art. 15 : « Sont punis des peines portées à l'article 405 du Code pénal... 3° Les gérants qui... au moyen d'inventaires frauduleux, ont opéré entre les actionnaires la répartition de dividendes fictifs. — Les membres du conseil de surveillance ne sont pas civilement responsables des délits commis par le gérant », ou la société, cf. art. 44, 45, etc.

En tout cas, il est certain que les ouvriers sont unanimes à le repousser.

Puisqu'il s'agit de présumer l'intention des contractants, comment conserver la disposition de l'article 1149, qui engage l'un d'eux à une obligation diamétralement opposée à celle qu'il déclare consentir ?

On fait donc justice sans peine de la seconde objection : il n'y aurait d'immoralité que si l'on affranchissait les dirigeants des syndicats de leur responsabilité *personnelle* quand elle est engagée par une faute *personnelle*. Il n'en est pas question, et ils demeurent soumis à l'article 1382 comme tous les citoyens qui jouissent de leurs droits civils et politiques.

On démontre avec une égale facilité que, dans notre législation même, le principe de la responsabilité n'étant pas essentiel des contrats et obligations, la disposition de l'article 1149 est purement arbitraire, et il ne vaut que comme présomption de l'intention des parties, qui tombe devant la volonté contraire.

Restent les deux derniers arguments.

2° L'égalité des sanctions. — Le troisième se retourne contre ceux qui l'invoquent.

Il est certain que la convention collective sera estimée par les employeurs à proportion de ses garanties d'exécution ; mais c'est à condition que les sanctions soient égales de part et d'autre.

Quand on entend sur ce point un employeur, on découvre bientôt qu'il n'est si ardent partisan de la responsabilité syndicale que parce qu'il confond les deux termes : *responsabilité* et *solvabilité*. Il s'imagine que si l'on en inscrit le principe dans la loi, il pourra se faire indemniser de tout le dommage que lui causera, le cas échéant, la mauvaise foi des employés.

Mais quand il a vu sa méprise, et que la solvabilité du groupement ouvrier n'en est pas augmentée, il ne tarde pas à admettre que l'équité commande de limiter la responsabilité des deux contractants à la solvabilité du plus pauvre.

Ainsi, un juste souci d'égalité conduit, non à étendre la responsabilité dans la convention collective, mais à la réduire étroitement.

3° Les causes de la défiance du prolétariat. — Pour ce qui est du dernier argument, personne ne conteste que le législateur ne doive braver sans faiblesse les menaces de résistance à une loi utile. Mais cette énergie est aussi nécessaire contre les employeurs que contre les employés ; et alors qu'il entend menacer des deux côtés, il lui reste, non à prendre parti contre les plus bruyants, mais à interroger la justice et à lui obéir.

Comment, pourtant, ne pas être frappé par ce phénomène social sur lequel les partisans de la première opinion basent leur dernier argument ?

Il est trop vrai qu'à ce milieu populaire et innombrable que l'on nomme « prolétariat » la société n'inspire que des soupçons. Les présents qu'elle lui offre sont repoussés avec violence, ses meilleures intentions accusées de perfidie, la confiance a disparu devant la crainte et la haine.

Au début, on pouvait voir là les révoltes d'une classe longtemps opprimée. Depuis l'époque féodale, la Puissance a accompagné la richesse ; le Pouvoir, aux mains de ceux qui possédaient, s'est montré dur pour les paysans qui possédaient peu, implacable pour les ouvriers qui ne possédaient rien (1). Durant tout l'ancien régime, au

(1) Voy. *Rapport au congrès de Rouen* p. 123, et en général, le *chapitre VII*. Voy. Martin Saint-Léon, *Histoire des corporations*, 2e éd. p. 557, etc.

contraire des corporations bourgeoises et officielles, les *Sociétés de compagnons ambulants*, condamnées par les lois, traquées par la police, durent cacher leur existence comme un crime. La Révolution ne leur apporta que l'injure d'une tolérance capricieuse ; il y a moins de trente ans qu'on leur donna droit de cité.

Les individus n'ont pas été mieux traités. Depuis l'empire romain où « la servitude des ouvriers fut d'autant plus étroite que leurs services étaient plus utiles à l'Etat » (1), et la période féodale où « le servage est la condition de quiconque n'est pas possesseur de terres » (2), jusqu'à la loi du 2 juillet 1890 qui les affranchit de la surveillance de la police (3), sans parler de l'ancien article 1781 du code civil (4), on ne trouve contre les ouvriers qu'inégalité et rigueur.

Lorsque la civilisation moderne a cédé à la poussée démocratique, à quels sophismes les hommes d'Etat ont-ils dû recourir pour obtenir qu'on répare quelques injustices sociales ! Qu'on lise le compte rendu des travaux préparatoires de la loi de 1884 ! Il n'y est guère question que de l'intérêt des patrons, et c'est surtout à leur profit qu'on semblait faire la réforme.

Ce n'est que depuis peu qu'un souffle vraiment généreux inspire l'ensemble des discours politiques ; mais, aujourd'hui encore, on estimerait intolérable que le gouvernement intervienne lorsqu'un ouvrier épuisé par l'âge est expulsé de l'usine où il a passé sa vie, ou lorsque, par l'emploi d'une nouvelle machine, des familles entières sont jetées impitoyablement dans la misère et la désolation.

Plus précisément, les plus fermes partisans de la responsabilité réclament à l'envi qu'on forge de nouvelles chaînes pour les groupements ouvriers dont la force les épouvante ; et ainsi cette réforme démocratique que l'on projette semble détournée par la réaction.

Lors donc que, dans une loi qu'on leur vante, les ouvriers volent les patrons chercher de nouvelles armes, comment seraient-ils rassurés ? Et, cependant, c'est pour ce régime et même pour la nation une question de vie ou de mort que de gagner la confiance des masses prolétariennes. On n'y parviendra que par des progrès marqués de loyauté, de générosité et de justice.

4° Le droit collectif. — Après avoir, ainsi réfuté tous les arguments de leurs adversaires, les partisans de l'irresponsabilité prennent l'offensive. Il ne suffit point, disent-ils, de citer quelques exemples contestables pour justifier contre les ouvriers l'accusation de dénigrement systématique, et qu'il faille dédaigner leurs réclamations. C'est l'histoire même du contrat collectif qu'il faut interroger.

Or, elle montre qu'il serait inutile et dangereux d'introduire le principe de la responsabilité illimitée.

Inutile, car dans aucun pays cette responsabilité n'existe, sauf en Australasie où la législation n'est pas comparable à celle

qu'on se propose et qu'on pourrait faire accepter par l'opinion française. Cependant nulle part l'irresponsabilité pécuniaire n'est apparue comme une entrave au développement du contrat collectif (1).

Dangereux, car, en fait, toute réforme législative sur le contrat de travail où la personnalité juridique des groupements professionnels, fondée sur la responsabilité pécuniaire, a complètement échoué jusqu'ici en Belgique et aux Etats-Unis. Dans les pays où les tribunaux ont sanctionné cette responsabilité par des condamnations considérables, le mouvement syndical a subi une crise et le contrat collectif une régression telles qu'il a fallu rapporter l'obligation, supprimer la responsabilité pécuniaire : ainsi, en Angleterre, de 1901 à 1907 (2).

Un esprit scientifique ne peut manquer d'être frappé par ce phénomène général, et d'en chercher les causes.

Il retrouve, alors, le mouvement irrésistible qui entraine ces sociétés modernes à se rénover par l'association, et que j'ai dénommé ailleurs : *le mouvement syndical* (3).

Ici, le groupement semble faire effort pour obtenir sa loi propre dans cette société nouvelle dont il sera le principe. A côté du *droit individuel*, qui ne se modifie guère, on voit naître et grandir un droit nouveau, le *droit collectif*. Les pièces en sont encore éparses ; tôt ou tard on les associera, mais à chaque fois qu'il en faut faire une nouvelle, c'est en vain qu'on tente d'utiliser les vieux moules. « L'ère de l'individualisme est définitivement close (4).

Dans la question qui est discutée, il est clair qu'au contraire du droit individuel, toutes les tendances du droit collectif se portent vers une limitation de la responsabilité des groupements. Cette loi est apparue, dès l'origine, avec une telle force que les vastes groupements de capitaux qui ont contribué si puissamment à développer l'industrie moderne, portent la dénomination légale de « Sociétés à responsabilité limitée » ; que dans les textes législatifs qui en définissent ce qu'on peut appeler le statut personnel, le principe de l'irresponsabilité du groupement contraste vivement avec celui de la responsabilité de l'individu : ainsi la société anonyme ne peut être engagée que dans la limite de ses statuts, tandis qu'au contraire les directeurs et administrateurs sont indéfiniment responsables même envers la société de leurs actes personnels. Que si l'on remonte plus haut, on trouve que les grandes administrations publiques ou privées ont le constant souci de dégager en droit leur responsabilité, sauf à l'admettre en fait dans les espèces commandées par la bonne foi. Au sommet de la hiérarchie est placé l'Etat dont la responsabilité est l'exception.

Les intérêts collectifs sont trop importants pour être engagés par la défaillance ou l'erreur d'un homme : et la responsabilité est trop lourde pour qu'on en charge celui qui a commis la faute.

Si, d'ailleurs, l'on pénètre au fond des choses, on s'aperçoit qu'il n'y a point vraiment suppression de la responsabilité, mais plutôt substitution d'une responsabilité à une autre : de la responsabilité morale à

la pécuniaire. La philosophie sociale justifie cette transformation : plus la personne est haute, plus la considération lui est indispensable ; une dette sanctionnée se discute sans honte devant les tribunaux judiciaires et se paie parfois en monnaie de chicane ; devant l'opinion, une dette d'honneur s'acquitte sans délai.

5° La fraude et la méfiance. — On est donc amené, par la force du raisonnement, à donner à la loi sur le contrat collectif le caractère commun à toutes les lois qui règlent les actes des sociétés, c'est-à-dire, à y limiter la responsabilité du groupement.

Comment, d'ailleurs, parviendrait-on à empêcher la fraude. Les grands syndicats ne risqueraient pas leur existence par une convention collective, ils se dissimuleraient derrière des Fédérations insolvables.

Il en serait de même du côté des patrons qui ont déjà donné l'exemple, car le plus souvent leurs syndicats ne possèdent rien.

On aurait donc excité des colères, nourri des soupçons et creusé davantage le fossé qui divise les classes de la société ; et on aurait manqué le but, on aurait fait une loi qui ne serait applicable qu'à condition d'être violée.

Qu'est-il utile d'ajouter pour convaincre les plus obstinés ?

Pour contraindre les deux parties à assumer ces responsabilités, il faudrait armer la loi d'une rigueur exceptionnelle, présumer la dissimulation à chaque fois qu'un syndicat ou un employeur puissants seraient soumis directement ou indirectement à une convention collective conclue par de plus faibles. Ainsi on permettrait aux tribunaux d'atteindre les véritables contractants derrière les prête-noms. Beaucoup de partisans de la responsabilité acceptent cette conséquence nécessaire de leur thèse.

En dépit de leur respect si hautement proclamé des dispositions, même secondaires, du Code civil, ils n'hésitent pas à faire litière d'un des principes les plus essentiels de tout notre droit — la bonne foi dans les conventions (1) pour élever le dol à la hauteur d'une présomption légale. (2)

Ce n'est pas le lieu de montrer que le mal le plus profond dont souffre notre Société est la méfiance et le soupçon. On les rencontre partout : l'employeur et l'employé se méfient réciproquement, le crédit de l'élu décroit devant ses électeurs, les plus grandes institutions sont suspectées. Un ministre de la Justice, à la tribune du Parlement, a parlé de « gangrène judiciaire » sans être sommé sur l'heure de justifier cette incroyable phrase : le loyalisme de l'armée est sans cesse mis en doute. L'Etat, lui-même, est journellement outragé ; ébranler son crédit est devenu un moyen ordinaire d'action politique : on a combattu les lois contre les congrégations par une campagne contre les Caisses d'épargne ; une interminable série d'articles (3) publiée dans le plus important quotidien n'a été inspirée que par cette idée exprimée un jour crûment, l'Etat est un « cambrioleur ». Les autres journaux ont adopté le même langage au point de ne plus provoquer l'étonnement.

---

(1) Levasseur, *Histoire des classes ouvrières*, t. 2, p. 425.

(2) *Ibid.*, p. 428.

(3) Lois des 22 germinal an XI et 22 juin 1851.

(4) Abrogé par la loi du 2 août 1868 : « Le maître est cru sur son affirmation : pour la quotité des gages, — pour le paiement des salaires de l'année échue, — et pour les acomptes donnés pour l'année courante. »

---

(1) Voy. *Rapport au Congrès de Rouen*, ch. I § 8 : ch. II, § 2 ; ch III.

(2) Voy. *ibid.*

(3) Voy. *ibid.*, ch. VII.

(4) Martin Saint-Léon, *Histoire des Corporations*, 2° éd., p. 763.

---

(1) Art. 1.134 C. civ. : « Les conventions légalement formées tiennent lieu de loi à ceux qui les ont faites… elles doivent être exécutées de bonne foi. »

(2) Art. 1116 : « Le dol… ne se présume pas et doit être prouvé. »

(3) Voy. *Le Temps*. L'Inquisition fiscale.

Il faut à tout prix remonter le courant et rendre à la Nation une foi absolue en elle-même. La vie en société suppose la confiance mutuelle des individus. Ce serait une irrémédiable faute que de consacrer par la loi ce détestable état des esprits.

Par ce dangereux expédient, on ne parviendrait même pas au but poursuivi. Les ouvriers ne se résigneraient pas à aventurer par une convention collective les fruits d'une longue et dure épargne. Sous l'empire de la nécessité, ils en concluraient, cependant, mais maintiendraient les syndicats dans une insolvabilité volontaire.

Personne ne doute que l'enrichissement soit le seul moyen d'y combattre l'esprit révolutionnaire. La possession les incitera à conserver par les mêmes raisons qui les poussent aujourd'hui à détruire une société où ils n'ont rien.

Tel serait le résultat qu'on obtiendrait : la loi ne serait pas obéie sur ce point, les grands syndicats seraient menacés dans leur existence, et les violents dont l'influence tend à décroître retrouveraient tout leur prestige. Au lieu de préparer la paix sociale, on justifierait le désordre et provoquerait l'émeute. « Plus la bourgeoisie sera ardemment capitaliste, plus le prolétariat sera plein d'un esprit de guerre. » (1)

§ 3. — Les solutions du problème

Généralement, ce raisonnement du parti que j'ai dénommé « de l'irresponsabilité » décide l'opinion des hommes de bonne volonté. Il ne paraît pas possible que le Parti Radical-Socialiste ne s'y rende point.

Il convient donc, maintenant, de rechercher les solutions du problème en en serrant de plus près les détails.

Une rectification est, d'abord, nécessaire. la dénomination « parti de l'irresponsabilité » a été conservée, bien qu'impropre parce qu'elle a été vulgarisée. Il importe beaucoup, en politique, d'employer les expressions passées en usage car les hommes sont accoutumés de s'y rallier.

A vrai dire, on ne demande point d'inscrire dans la loi que les syndicats seront complètement irresponsables, mais on veut soit supprimer, soit limiter les *responsabilités pécuniaires*. Quant à la *responsabilité morale*, elle demeure entière.

La responsabilité limitée. — Ceux qui préconisent l'irresponsabilité pécuniaire complète se laissent entraîner par un excès de générosité. Peut-être, parviendraient-ils à séduire le sociologue, mais le sociologue ne saurait les suivre.

On peut réduire la responsabilité pécuniaire à des limites infimes, mais elle est nécessaire pour engager devant l'opinion la responsabilité morale du contrevenant.

Notre droit, en effet, ne prévoit de réparation exclusivement morale, il faut, devant la justice, demander le paiement d'une somme d'argent. C'est peut-être une lacune, mais elle se rencontre, je crois, dans toutes les législations. La vieille maxime juridique, « sans intérêt, pas d'action », s'entend d'un intérêt pécuniaire. C'est pourquoi, dans les procès qui relèvent seulement de l'honneur ou du sentiment, le demandeur ne poursuit contre son adversaire qu'une condamnation à un franc de dommages-intérêts et aux dépens. En lui adjugeant ces conclusions, le tribunal constate devant tous qu'il a raison.

(1) Georges Sorel. *Réflexions sur la violence* p. 13.

A peine de rompre avec des habitudes séculaires, il faut conserver cette procédure ; de sorte que la condamnation à un franc de dommages-intérêts et aux dépens est la limite inférieure de la responsabilité pécuniaire indispensable pour rendre effective la responsabilité morale.

Les contractants n'encourront donc pas à la violation de la convention collective que la réprobation est une diminution de leur crédit. Certains esprits distingués voudraient y ajouter un risque pécuniaire modéré, mais suffisant pour constituer une pénalité sensible.

La grande difficulté est alors, de fixer une limite assez ample pour atteindre les grands et assez étroite pour ne pas ruiner les petits.

La conférence Molé-Tocqueville a imaginé un système ingénieux dans le texte suivant :

L'action collective a pour sanction :

1° Une amende au profit du Trésor de 50 à 200 francs ;

2° Seulement à défaut de clause pénale et au choix de la partie demanderesse, soit l'exécution forcée sous une astreinte, soit des dommages-intérêts.

Dans ces deux cas, le total de l'astreinte ou celui des dommages-intérêts ne peut dépasser le tiers du total des cotisations encaissées par le syndicat condamné pendant les trois derniers exercices.

La première sanction, l'amende, correspond à cette idée juste, d'ailleurs, que la législation sur le contrat collectif participe plus au droit public qu'au droit privé ; qu'il convient donc d'établir une répression d'ordre public contre une infraction qui intéresse l'ordre public.

Malgré sa logique, je ne crois pas qu'il faille approuver cette disposition, car elle entraîne une confusion de compétence entre les deux juridictions jusqu'ici nettement tranchées ; l'ordinaire et la répressive. En outre, il serait singulièrement choquant que l'Etat s'attribue le profit d'une amende après avoir étroitement limité la réparation du préjudice causé à un particulier.

En ce qui concerne les sanctions civiles, tout l'intérêt du système se trouve dans le principe d'une proportion entre le montant des condamnations civiles et une moyenne annuelle des cotisations.

C'est là un des meilleurs moyens qu'on puisse imaginer pour éviter les présomptions injurieuses et empêcher la fraude des budgets annexes.

Toutefois, il ne me paraît pas pouvoir résister à la critique.

Pour établir, en effet l'égalité entre les contractants, il faudrait limiter parallèlement la responsabilité de l'employeur à une certaine proportion de ses bénéfices nets. Il s'ensuivrait que le défendeur devrait dévoiler publiquement le secret de sa comptabilité, avouer, celui-ci ses pertes, celui-là l'irrégularité du recouvrement des cotisations. Ni l'un, ni l'autre n'y consentiraient, et, refusant ce mauvais présent, considérerait sa responsabilité comme engagée à l'infini.

D'autre part, le risque admis est excessif. Il menacerait une année entière des revenus syndicaux, alors que, logiquement, il ne devrait atteindre que les réserves de grève. Or, dans la plupart des syndicats, la proportion des dépenses de grève est très modique : en Angleterre, aux Etats-Unis, ces frais atteignent 7 à 8 % des dépenses totales (1) ; en France, en 1907, la *Fédération du Livre*, avec des recettes de 290.000 francs, a dépensé 138.000 francs en secours divers et 22.000 francs en frais de grève, soit 7,6 %. Il ne serait même pas équitable ni prudent d'affecter à la garantie de la responsabilité des syndicats la totalité des fonds de grève, car les grèves d'affamés sont les plus fertiles en violences. C'est donc à un maximum de 5 % de la moyenne triennale des cotisations qu'il conviendrait de réduire la limite proposée pour la responsabilité pécuniaire.

Elle est ainsi beaucoup trop basse pour justifier le froissement de tant de légitimes susceptibilités.

II Solution proposée

Dans le projet qui est aux annexes il m'a semblé raisonnable d'admettre la somme de 4.500 francs comme limite supérieure de la pénalité civile encourue par la violation de la convention collective.

Ce choix est justifié par deux raisons. D'abord, cette somme n'est pas dérisoire, mais plus élevée que la plupart des amendes prévues par le Code pénal ; ensuite, elle suffit pour couvrir les honoraires hors taxe du procès. De sorte que celui qui aura été lésé pourra, sans dépenses, faire constater son droit et engager la responsabilité morale du contrevenant.

Si, d'ailleurs, au moment de conclure, les parties veulent fortifier la convention par une sanction plus forte, elles sont libres de déroger à la présomption légale par une clause pénale dont l'application sera de rigueur (2).

Il ne faut pas perdre de vue que l'ordre public est intéressé à ce que la convention soit exécutée.

Lorsqu'il conclut, c'est-à-dire qu'il ne peut prévoir les causes d'un litige, un contractant a le droit strict de limiter le risque que lui ferait courir une erreur d'interprétation ou même l'entraînement de la passion. Mais quand une décision de justice a fixé les droits et les torts, la violation de l'engagement n'a plus d'excuses. La mauvaise foi ne mérite aucun ménagement. Aussi ne paraît-il pas qu'il convienne de limiter le montant de l'astreinte (3).

Toutefois, afin de permettre aux conseils modérés de se faire entendre, il semble bon de porter à trois jours le délai imparti pour le défaut de l'astreinte. Il faut un temps pour les malédictions.

(1) A diverses reprises, les Unions ont tenté d'augmenter les réserves de grève. Elles ont été contraintes d'y renoncer par la diminution des adhésions. Elles ont ainsi constaté que les ouvriers viennent aux associations professionnelles et y cousent beaucoup moins en vue de la lutte que pour les avantages immédiats qu'ils y trouvent : secours de chômage, de maladie, placement, etc. La prospérité des groupements a été jusqu'ici en raison directe de leurs dépenses de solidarité. C'est peut-être parce qu'ils méconnaissent cette loi que beaucoup de syndicats français rencontrent d'insurmontables obstacles.

Il est vrai que, depuis quelques années, le *New Trade-Unionisme* s'efforce dans un sens contraire. Mais il n'a pas encore fait ses preuves, et la loi que je viens de signaler continue d'être admise comme vraie.

(2) Art. 1.152 c. civ.

(3) On sait que, par l'astreinte, on impartit à la partie condamnée un court délai après lequel elle doit exécuter son obligation, à peine d'une réparation pécuniaire fixée par chaque jour de retard pendant un temps déterminé.

Enfin. puisque, comme dans tous les procès où sont mises en jeu des influences morales. tels que ceux qui ont pour objet des fraudes commerciales ou des diffamations, l'opinion est le juge chargé de prononcer les véritables condamnations, il est nécessaire de l'éclairer par la publicité du jugement, tout en fixant une juste limite aux dépenses qu'elle suppose.

En résumé, si les parties veulent donner à la convention collective une autorité particulière, elles stipuleront une clause pénale qu'elles proportionneront à leur richesse et qu'elles pourront faire illimitée.

Si elles ne stipulent rien et que le contrat soit violé, celle qui aura respecté son obligation pourra faire dire son droit, soit en demandant la résiliation du contrat, soit en en poursuivant par une astreinte l'exécution.

En tout cas, il pourra saisir l'opinion par la publicité du jugement qui constatera la mauvaise foi du contrevenant, et sans que toutes ces mesures lui coûtent aucune dépense.

Je ne crois pas que le sociologue le plus ombrageux puisse contester l'efficacité de ces sanctions, ni le jurisconsulte le plus difficile y découvrir une « inélégance de droit ».

TITRE PRELIMINAIRE

Article premier

DÉFINITIONS. — Il y a trois sortes de conventions collectives : *la Convention Collective proprement dite, le Contrat d'Etablissement et le Règlement d'atelier.*

Art. 2.

La convention collective proprement dite ou convention d'usage professionnel, règle les conditions générales du travail susceptibles d'une application étendue à plusieurs entreprises appartenant à une même profession, à des métiers similaires ou à des professions connexes.

Art. 3.

Le contrat d'établissement détermine les conditions du travail particulières à une entreprise industrielle ou commerciale.

Art. 4.

Le règlement d'atelier précise les détails des conditions du travail dans un lieu dépendant d'un établissement industriel ou commercial et où plusieurs employés collaborent ensemble.

TITRE PREMIER

Dispositions générales

SECTION 1

Formation des Conventions collectives Adhésion aux Conventions collectives déjà formées

Art. 5

FORME DE L'ACTE. — A peine de nullité, toutes les conventions collectives doivent être rédigées par écrit en autant d'originaux qu'il y a de parties ayant un intérêt distinct. conformément à l'article 1.325 du Code civil.

La preuve testimoniale n'est point admise contre et outre le contenu en l'acte, ni sur ce qui serait allégué avoir été dit avant, lors et depuis cet acte.

Elles sont soumises à la publicité prescrite par le Règlement d'administration prévu à l'article de la présente loi.

Art. 6

La capacité et les pouvoirs de ceux qui contractent au nom d'un groupement professionnel sont déterminés par les statuts, ou, à défaut, par l'article suivant.

Art. 7

Les conventions collectives sont conclues au nom des syndicats par un ou plusieurs représentants mandatés par une Assemblée générale.

Dans les syndicats divisés en sections et dans les unions de syndicats, le mandat est donné à la majorité absolue des sections ou des syndicats, votant individuellement par correspondance. Chaque section ou chaque syndicat émet autant de votes qu'il compte de fois cinquante membres, toute fraction de ce nombre de cinquante étant comptée pour l'entier.

Art. 8.

ADHÉSION. — Un employeur, un syndicat ou une union de syndicats d'employeurs, un syndicat ou une union de syndicats d'employés peuvent adhérer à une convention collective où ils n'ont pas été parties.

Cette adhésion leur confère les mêmes droits qu'aux parties contractantes et les soumet aux mêmes obligations.

Art. 9.

VICES DU CONSENTEMENT. — L'exercice normal et non abusif de la grève, du lock-out, du boycott et de la mise à l'index ne produisent point de vice de consentement.

Il ne donne pas lieu à l'application de l'article 1382 du Code civil

(C. civil. art. 1109 et suiv. ; art. 1382 et suiv.)

SECTION II

Obligations résultant des Conventions collectives.

Art. 10.

Toute convention collective donne lieu à deux obligations : une obligation collective et une obligation individuelle

Art. 11.

DÉFINITIONS. — L'obligation collective est celle qui résulte des engagements réciproques pris par les parties qui ont la charge des intérêts communs collectifs.

L'obligation individuelle est celle, pour les personnes ci-après désignées, de conformer leurs contrats individuels de travail aux clauses de la convention collective

Art. 12.

OBLIGATION COLLECTIVE. — Sont tenus de l'obligation collective :

1° Les parties adhérentes ou contractantes ;

2° Les syndicats affiliés à une Union ou Fédération contractante ou adhérente, ou qui y étaient affiliés lors de l'événement qui a donné naissance à l'obligation de l'Union ou Fédération, ou qui y a été affilié à un moment quelconque après cet événement.

Art. 13.

OBLIGATION INDIVIDUELLE. — Sont tenus de l'obligation individuelle :

1° Ceux qui font partie d'un syndicat obligé par cette convention ;

2° Ceux qui en étaient membres lors de l'événement qui a donné naissance à l'obligation du syndicat ;

3° Ceux qui en ont été membres à un moment quelconque après cet événement

Art. 14.

INTERPRÉTATION. — De quelque nature qu'elle soit, la convention collective légalement formée tient lieu de loi à ceux qui l'ont faite ou qui y ont adhéré.

Elle doit être interprétée et exécutée de bonne foi.

(C. Civ. art. 1134, 1135, 1156 s.).

SECTION III

Art. 15.

Sanctions des obligations résultant des Conventions collectives

ACTIONS. — L'inexécution de la convention collective donnera ouverture à deux sortes d'actions : une action collective et une action individuelle.

Elles peuvent être exercées concurremment.

Art. 16.

ACTION COLLECTIVE. — L'action collective est celle qui est engagée au nom des intérêts collectifs, par une partie obligée par la convention, ainsi qu'il est dit à l'article 12

Soit contre une autre partie obligée ainsi qu'il est dit au même article, soit contre un contrevenant membre d'un syndicat obligé par la convention.

Art. 17.

Lorsque l'action collective a été exercée contre un contrevenant, les autres parties contractantes ou adhérentes ne sont plus recevables à l'intenter.

Elles ont le droit d'intervenir en tout état de cause.

(C. pr. civ. art. 339 et s.)

Art. 18.

A peine de nullité, la demande doit être publiée conformément aux dispositions du règlement d'administration publique prévu à l'article de la présente loi.

Art. 19.

SANCTION. — En l'absence de clause pénale stipulée dans la convention, l'action collective peut donner lieu à une réparation de cinq cents francs au plus.

Le contrevenant peut être contraint d'exécuter son obligation par une astreinte, qui ne peut commencer à courir que passé le troisième jour de la signification du jugement.

La publicité du jugement par affiches et insertions peut toujours être ordonnée aux frais de la partie qui succombe, sans que la somme allouée sur ce chef puisse dépasser mille francs.

Art. 20.

ACTION INDIVIDUELLE. — L'action individuelle a pour objet la réparation d'un préjudice individuel causé par la violation des dispositions d'une convention collective dans un contrat individuel

Elle peut être exercée au nom et avec la consentement exprès ou tacite de l'employé ou de ses ayants droit par le syndicat dont il est membre.

Art. 21.

Sont radicalement nulles les clauses d'un contrat individuel de travail conclu avec quiconque par une partie soumise aux obligations résultant d'une convention collective régulièrement formée et qui contreviennent aux dispositions principales de cette convention, sauf ce qui est dit aux articles 22 et suivants de la présente loi, ou si la convention en a décidé autrement

L'employé, même adhérent à un syndicat assujetti à la convention collective, ne peut renoncer d'avance au bénéfice du présent article.

Dans un bref délai, après la découverte de la cause de nullité, ou la fin du contrat individuel, l'intéressé ou ses ayants droit peut exercer contre l'autre partie une action en dommages-intérêts ou en répétition de l'indu.

SECTION IV

Dérogations aux clauses des Conventions collectives

Art. 22.

CONDITIONS DES DÉROGATIONS. — Les représentants des parties contractantes et adhérentes à la convention peuvent toujours accorder des dérogations individuelles :

Aux employeurs, pour changement important survenu dans la situation économique de l'entreprise,

Aux employés, pour motifs graves, tels que vieillesse, infirmité, incapacité spéciale.

Si l'une d'elles s'y refuse, les tribunaux statueront sur la demande de l'intéressé, en tenant compte, le cas échéant, des dispositions de la convention qui auraient prévu le cas.

Art. 23.

PROCÉDURE. — Les demandes de dérogation sont portées devant le tribunal civil quand elles tendent à modifier les conditions du travail dans un atelier ou une entreprise qui occupe plus de 10 employés ; dans les autres cas, devant le juge de paix.

Les débats ont lieu dans la chambre du conseil. Les parties contractantes ou adhérentes à la convention peuvent y intervenir. En tout cas, elles doivent être appelées d'office pour être entendues en leurs observations.

La décision est rendue en audience publique. Elle est toujours en premier ressort.

La même procédure est observée en appel.

SECTION V

Durée et fin des Conventions collectives.

Art. 23.

DURÉE LÉGALE. — La convention collective ne peut être conclue que pour une durée de un à cinq ans. Toute autre durée stipulée doit y être ramenée, à moins qu'il ne soit dit ou qu'il ne résulte du texte que la convention est provisoire.

Elle se continue ensuite jusqu'à ce qu'elle ait été dénoncée.

Lorsqu'il n'y a pas de durée stipulée, les parties sont sensées l'avoir conclue pour une année.

Art. 24.

La convention collective finit :

1° Par l'expiration du temps pour lequel elle a été conclue ;

2° Quand il n'y a pas de durée déterminée, par la dénonciation, sous condition d'un préavis de trois mois, sauf convention contraire ;

3° Par l'accord des parties contractantes et adhérentes ;

4° Par la résiliation pour inexécution des conditions du contrat

Art. 25

DÉNONCIATION ET RÉSILIATION. — La dénonciation et la résiliation contractuelle ou judiciaire d'une convention collective n'ont d'effets qu'entre les parties qui les ont poursuivies.

La convention demeure en vigueur à l'égard des autres parties et des tiers, sauf ce qui résulte des articles

Art. 26.

La résiliation ne peut être demandée en cas d'inexécution par l'une des parties qu'après une mise en demeure restée sans effet et dans les conditions de temps fixées par le décret prévu à l'article 52 de la présente loi.

TITRE II

Dispositions spéciales à la Convention collective proprement dite.

Art. 27.

PARTIES CONTRACTANTES. — La convention collective proprement dite est passée entre un ou plusieurs syndicats, ou unions de syndicats d'employés, établie conformément à la loi du 21 mars 1884, et, d'autre part, un ou plusieurs employeurs, un ou plusieurs syndicats ou unions de syndicats d'employeurs.

Les parties doivent posséder une puissance économique certaine, faute de quoi la convention est considérée comme contrat d'établissement.

Art. 28.

La convention collective proprement dite de la profession dans la région économique où elle a été conclue, jusqu'à ce qu'un autre usage se soit établi, par une nouvelle convention ou autrement, après qu'elle a pris fin.

L'étendue de cette région est en raison de la puissance économique des parties contractantes et adhérentes.

Art. 29.

Lorsqu'il y a plusieurs conventions collectives dans une région, le juge de paix décide quelles dispositions doivent être érigées en usage.

Il pourra toujours être appelé de cette décision devant une juridiction composée de deux délégués des prud'hommes ouvriers et de deux délégués des prud'hommes patrons sous la présidence du Président du Tribunal civil.

Art. 30.

A peine de nullité, toute dérogation à l'usage ainsi établi doit être expresse, préalable à la formation du contrat de travail, écrite de la main de l'employé.

Il doit être fait mention de la règle d'usage à laquelle il est dérogé.

Art. 31.

Si l'employé déclare ne savoir écrire, l'employeur est tenu de lui faire connaître les conditions d'usage et les dérogations qu'il propose d'y apporter.

En cas de contestation sur l'accomplissement de ces formalités, le juge peut déférer le serment à l'une et l'autre parties.

TITRE III

Dispositions spéciales au contrat d'établissement

Art. 32

Le contrat d'établissement est conclu entre un employeur et un Syndicat d'employés travaillant dans un établissement industriel ou commercial.

Art. 33

Des conventions de cette nature, applicables à plusieurs établissements peuvent être conclues entre des employeurs, des Syndicats et unions de Syndicats d'employeurs et, d'autre part, des Syndicats et unions de Syndicats d'employés.

Ces conventions sont considérées comme formant autant de contrats distincts, que d'établissements où elles doivent être appliquées.

TITRE IV

Dispositions spéciales au règlement d'atelier

Art. 34

Le règlement d'atelier peut être :

Ou conclu conformément aux deux articles qui précèdent ;

Ou conclu entre un employeur et les représentants de ses ouvriers spécialement délégués à cet effet.

Ou arrêté d'office par le chef d'entreprise.

Art. 35

Le règlement d'atelier doit en tous cas être affiché visiblement soit dans les locaux du travail, soit dans des locaux où accèdent librement et habituellement les employés.

Art. 36

Lorsqu'il a été conclu par une représentation spéciale d'employés, l'exécution en est contrôlée par une délégation permanente qui n'est assujettie à aucune règle particulière.

Cette délégation n'a pas la personnalité juridique et ne peut ester en justice.

Art. 37

Avant d'être mis en vigueur, le règlement d'atelier arrêté d'office par le chef d'entreprise est pendant huit jours au moins porté à la connaissance des employés par des affiches.

Durant ce délai, les employés peuvent faire parvenir leurs observations à l'employeur, soit en les consignant directement sur un registre spécial, soit par des représentants ou délégués, soit par l'intermédiaire du président du conseil des prud'hommes ou du juge de paix qui les transmettent dans les trois jours de la réception sans indiquer les noms des réclamants.

Pendant une nouvelle période de huit jours au moins, le règlement modifié ou non est affiché avec la mention « Observations Vues ».

Il entre ensuite en vigueur à l'expiration d'un délai au moins égal au délai-congé en usage et sans être jamais inférieur à huit jours.

L'exécution de ces formalités est attestée par l'employeur au bas du Règlement.

Art. 38

Un règlement pris par un employeur en violation des dispositions ci-dessus ne produit aucun effet juridique.

Toutefois, lorsqu'il s'agit de dispositions concernant l'hygiène et la sécurité, le Juge de paix peut réduire des délais ci-dessus et, en cas d'urgence, dispenser de les observer

TITRE V

Dispositions complémentaires

Art. 39

Par dérogation à l'art. 1006 du Code de procédure civile, on peut convenir de soumettre les contestations à des arbitres Dans ce cas, la convention doit désigner ces arbitres ou régler le mode d'après lequel ils doivent être nommés

Art. 40

L'article 404 du Code de procédure civile est ainsi complété :
Seront réputées matières sommaires et instruites comme tels :
Les demandes en résiliation de conventions collectives.

Art. 41.

L'article 5 de la loi du 21 mars 1884 est modifié ainsi qu'il suit :
Les unions de syndicats peuvent ester en justice, soit en demandant, soit en défendant, pour toutes les actions relatives l'exécution d'une convention collective.

Art. 42

Ont droit à l'assistance judiciaire pour les instances dérivant de la présente loi. les ouvriers. contremaîtres et employés dont les salaires et profits ordinaires ne dépassent pas 8.000 francs par an.
Le bénéfice en est accordé sur le visa du Procureur de la République

Art. 43.

Il n'est point dérogé à la législation qui régit actuellement le contrat du travail passé par les compagnies concessionnaires. Toutes les autres dispositions des lois en vigueur sont abrogées en ce qu'elles ont de contraire à la présente loi.

Art. 44.

Un décret fixera les conditions de publicité auxquelles seront soumises les conventions collectives proprement dites. Il déterminera également les formalités pour y adhérer ainsi qu'aux autres sortes de conventions collectives et, pour chaque catégorie de professions, les délais de la mise en demeure prévue à l'article 31.

Art. 45.

Jusqu'à ce qu'une juridiction spéciale ait été instituée pour connaître des conflits nés du travail, les actions dérivant de la présente loi seront portées devant la juridiction ordinaire.

Sur les actions collectives, les tribunaux ne pourront statuer qu'en premier ressort.

CHAPITRE VII

PROJET DE LOI SUR LA CONVENTION COLLECTIVE

(Suite)

SECTION III (Suite)

Action Individuelle

Non seulement la convention collective répond à l'intérêt de la collectivité, mais aussi à celui des individus. Pour défendre le premier, il y a l'action collective et les sanctions surtout morales qui ont été exposées dans le chapitre précédent. Pour défendre le second, il y a l'action individuelle et des sanctions appropriées.
Ici, le *droit individuel* reprend tout son empire.

Je n'y proposerai qu'une seule dérogation dont le principe se justifie spontanément. On s'accorde, d'ailleurs, sur sa nécessité et on la rencontre diversement exprimée dans tous les projets.

C'est une dérogation à la maxime « nul, en France, ne plaide par procureur ».

On sait ce qu'il faut entendre par là : nul ne peut engager un procès au nom d'un tiers sans une procuration spéciale. Cette règle est à ce point absolue qu'on refuse même au ministère public d'exercer ce pouvoir au nom d'un présumé absent, dont il a cependant mission de défendre les intérêts (1).

Toutefois, il ne semble point qu'on ait pour cette maxime le même respect qu'autrefois. Ainsi, des lois récentes ont dispensé les avocats de justifier d'un pouvoir devant les juridictions dont l'accès auparavant leur était difficile faute d'avoué : justice de paix, tribunal de commerce.

Il ne s'agit donc que de continuer dans une voie déjà abordée.

Par cette dérogation proposée, le syndicat peut, au nom et dans l'intérêt de ses membres, exercer sans procuration spéciale toutes les actions individuelles qu'ils possèdent contre les auteurs d'une infraction commise à une convention collective dont ils étaient en droit de bénéficier. Si, par exemple, un employeur obligé par une convention collective de payer à ses employés un salaire de 6 francs par jour, impose un salaire de 5 fr. 50 à un syndiqué sans travail, le groupement professionnel de celui-ci pourra engager une action pour lui faire rembourser la différence entre le salaire versé et le tarif conventionnel.

Il est évident que cette action éteindra

(1) c. civ. art. 114.

celle que possédait l'employé ; et c'e[st] pourquoi il convient d'en subordonn[er] l'exercice au consentement au moins [tac]ite de celui-ci.

L'utilité d'une telle disposition appara[ît] spontanément. L'employé qui accepte [un] salaire inférieur est, en général, un fa[i]ble. La crainte de perdre son emploi, [de] s'attaquer à un adversaire plus puissa[nt,] le manque de ressources pourront l'emp[ê]cher d'exercer son droit. L'expérience q[uo]tidienne montre que, quand il ne l'aba[n]donne pas, il a recours à des agents [d'af]faires dont les services sont toujo[urs] onéreux.

En confiant au syndicat la mi[ssion de] prendre en main l'intérêt individu[el de ses] membres, on lui ouvre un nouvea[u champ] d'activité où il est appelé à re[ndre de] grands services.

Pour qu'un contrat puisse donne[r ouver]ture à une action, il est nécessai[re qu']il s'y rencontre une violation de l'arti[cle] 110 du code civil (1) ; mais il est certai[n que la] victime du préjudice causé par la con[tra]vention aux stipulations de la cenvent[ion] collective ne serait admise à exercer [son] action que si elle justifiait d'un vice [de] consentement (2).

Son droit deviendrait illusoire si l['on] maintenait les exigences du code civil [sur] l'erreur, la violence ou le dol. Il faut [ici] les réduire par une disposition except[ion]nelle.

On a souvent proposé d'emprunter [au] droit allemand une cause de nullité pa[rti]culière qui participe à la fois du dol et [de] la violence. Le projet Doumergue l'a a[insi] formulée : (3)

« *Doit être considérée comme illicite to[ute] te clause du contrat de travail par laque[lle] l'une des parties a abusé du besoin, de [la] légèreté ou de l'inexpérience de l'au[tre] pour lui imposer des conditions en désa[c]cord flagrant soit avec les conditions hab[i]tuelles de la profession ou de la régio[n,] soit avec la valeur ou l'importance des se[r]vices engagés. »*

Ce texte était à sa place dans le pro[jet] Doumergue, qui avait pour objet le *contr[at] de travail* en général. Je ne crois pas qu['on] puisse l'admettre dans une loi spéciale [à] la *convention collective*, car c'est une gra[ve] nouveauté. Non seulement il supprim[e] les *manœuvres positives*, éléments esse[n]tiels du dol et de la violence, mais enco[re] il contrevient à l'esprit de notre droit q[ui] exclut rigoureusement la présomption [de] tout ce qui constitue une déloyauté. En o[u]tre, il peut être considéré comme hum[i]liant pour les ouvriers qu'on leur accor[de] le bénéfice d'une protection spéciale rése[r]vée jusqu'ici aux mineurs.

On est donc fondé à estimer que, sa[ns] d'ailleurs prendre parti, cette grave réfo[r]me ne doit pas être introduite dans not[re] législation, accessoirement à une autre, [et] en quelque sorte par surprise.

Il est plus simple et plus juridique [de] frapper d'une nullité radicale toutes l[es] clauses contraires à la convention colle[c-]

(1) « Quatre conditions sont essentielles [et suffisantes) pour la validité d'une convention :
Le consentement de la partie qui s'oblige ;
La capacité de contracter ;
Un objet certain qui forme la matière [de] l'engagement ;
Une cause licite dans l'obligation. »
(2) Voy. p.
(3) Art. 11.

tive. Elles sont alors réputées non écrites, comme les clauses illicites (1).

Cette assimilation est fondée, car l'autorité de la convention est, pour ces assujettis, égale à celle de la loi : « Les conventions légalement formées tiennent lieu de loi à ceux qui les ont faites (2).

Malgré cette nullité, il pourrait advenir que la victime du préjudice ne serait pas admise à y baser une action en justice : lorsqu'elle l'aurait consentie, étant assujettie elle-même à une convention. Elle serait co-auteur du fait illicite et s'entendrait opposer la maxime : *Ulmo creditus qui turpitudinem suam allegat* (3).

Cette convention est inadmissible, car elle ouvrirait l'accès à toutes les fraudes ; l'acceptation formelle de la contravention deviendrait une clause de style. La disposition légale qui annule une semblable renonciation à un droit éventuel se rencontre de plus en plus dans nos lois (4). Elle est une règle absolue de notre droit public : il n'y a rien de nouveau à la reproduire.

Enfin, il convient d'impartir à l'intéressé un bref délai pour intenter son action, ainsi que dans tous les cas analogues prévus dans la loi (5). On ne doit pas laisser celui qui a commis une faute sous une perpétuelle menace.

Quel sera le point de départ ? Il semble qu'il faille en admettre deux : la découverte de la cause de nullité quand elle est ignorée de l'intéressé, ce qui va de soi, ou après qu'elle est connue, l'expiration du contrat. En décider autrement, serait rendre illusoire pour l'intéressé le bénéfice de la disposition, car il préférerait le plus souvent l'abandonner que de perdre sa place.

CHAPITRE VII
PROJET DE LOI
SUR LES CONVENTIONS COLLECTIVES
(Suite)

SECTIONS IV ET V

§ 1er. — Dérogations aux Conventions collectives

Aucun des deux projets gouvernementaux que j'ai analysés d'abord, n'a accordé aux assujettis le droit d'obtenir à certaines conditions de déroger individuellement aux stipulations de la convention collective.

C'est une regrettable lacune, car une telle prévision s'impose, autant au profit des employeurs que des employés.

(1) Art. 1131. C. civ. : « L'obligation sans cause, ou sur une fausse cause, ou sur une cause illicite, ne peut avoir aucun effet. »
Art. 1133 : « La cause est illicite quand elle est prohibée par la loi, quand elle est contraire aux bonnes mœurs ou à l'ordre public. »

(2) Art. 1134. c. civ.

(3) On n'écoute pas celui qui allègue sa propre faute.

(4) A. A. 791. c. civ. : « On ne peut, même par contrat de mariage, renoncer à la succession d'un homme vivant, ni aliéner les droits éventuels qu'on peut avoir à cette succession. »
Art. 1780 (modifié, C. 27 déc. 1880, « ...Les parties ne peuvent renoncer à l'avance au droit éventuel de demander des dommages-intérêts en vertu des dispositions ci-dessus. »

(5) Art. 1648. c. civ. : « L'action résultant des vices rédhibitoires doit être intentée par l'acquéreur, dans un bref délai, suivant la nature des vices rédhibitoires et l'usage du bien où la vente a été faite. »

Les premiers sont, en effet, sans cesse menacés par les fluctuations économiques ; telle entreprise hier prospère, connaît aujourd'hui la gêne. Lorsqu'il ne s'agit que de crises passagères, l'employeur doit y avoir paré d'avance et les prévoir lorsqu'il a accepté la convention collective. Il n'y a donc pas lieu de s'en occuper.

Mais s'il s'agit, au contraire, d'une diminution assez durable pour déclasser une grande entreprise et la placer au rang des moyennes ou petites, il peut arriver que la rémunération accordée au travail au temps de la prospérité dépasse les forces de l'entreprise appauvrie et la menace de ruine.

Les seconds ne courent pas de moindres risques. Si la maladie, un accident, ou seulement une précoce vieillesse réduisent notablement leur capacité de travail, les contraindre d'exiger le même salaire serait les condamner au chômage certain et à la misère.

Dans les deux cas, la *force majeure* des événements courbe la volonté des hommes.

C'est un *droit naturel* pour les uns et les autres d'obtenir d'être relevés des obligations qu'ils avaient assumées avant les jours d'infortune.

La demande doit être adressée à ceux envers qui l'engagement a été pris. Je ne crois pas qu'on puisse le contester. L'employeur devra donc s'adresser, soit à son syndicat, s'il est assujetti à la convention par cet intermédiaire, qui lui demandera les justifications nécessaires et s'entendra avec le ou les groupements ouvriers : soit convenir directement avec ceux-ci s'il est assujetti par une signature ou une adhésion. L'employé n'étant jamais assujetti directement, devra s'adresser à son syndicat.

Si l'on ne parvient pas à s'accorder sur la dérogation, les tribunaux seront appelés à trancher le différend.

Comme cette question ressort au droit public par aucune stipulation on ne peut abandonner ou restreindre son droit éventuel d'obtenir une dérogation. Mais il est désirable que les conditions d'exercice en soient réglées par avance et d'accord. On ne saurait donc assez conseiller de le faire dans la convention, afin d'éviter les procès et, si cependant ils éclatent, d'éclairer la justice.

La décision du tribunal serait un acte de juridiction gracieuse. Les formalités de la procédure contentieuse et la publicité de l'audience n'y sont pas de mise et auraient des inconvénients graves. Les débats se réduiront à une instruction de fait où les juges devront appeler tous les intéressés, et pour laquelle la chambre du conseil est le lieu naturellement désigné.

Quant au choix du tribunal, faute de juridiction spéciale, on doit donner compétence au tribunal de pleine juridiction, c'est-à-dire au tribunal civil, lorsque le procès est assez important. Lorsqu'il s'agit d'une demande de dérogation formée par un employé ou un très petit patron, le juge de paix semble mieux qualifié.

§ 2. — Durée et fin des Conventions

Il y a peu à dire sur ce projet. Tout le monde s'accorde pour limiter à cinq années la durée la plus longue d'une convention collective. Si, après l'expiration de ce temps, elle contente encore les parties, il est juridique de la laisser se continuer jusqu'à ce qu'on la dénonce (1).

On est d'accord également pour fixer à un an la moindre durée d'une convention. En la modifiant sans cesse, on créerait une instabilité pire que celle à laquelle on veut aujourd'hui remédier.

Toutefois, cette règle ne doit pas être tyrannique. Il arrive parfois que les parties concluent un accord provisoire très court pour éviter un conflit au cours de négociations difficiles et aboutir à une onvention définitive. Il ne peut donc être ici ciations difficiles et aboutir à une convention de faire une réserve au profit de la plus grande liberté.

Pour ce qui est de la dénonciation, il semble qu'un préavis de trois mois soit un délai suffisant pour permettre à un nouvel accord de se faire, et on aura terminé ce chapitre lorsqu'on aura signalé la nécessité d'une mise en demeure (2) préalable à la demande à fin de résiliation, et que la dénonciation et la résiliation ne peuvent avoir d'effets qu'entre les parties qui les ont poursuivies.

CHAPITRE VII
PROJET DE LOI
SUR LES CONVENTIONS COLLECTIVES
(Suite)

TITRE II
Dispositions spéciales à la Convention collective proprement dite

Dans ce chapitre, on va rencontrer les deux dernières question dont les solutions soient vraiment débattues : la détermination des parties contractantes et les effets de la convention pour les tiers.

Elles ne me retiendront pas car elles ont été traitées ailleurs (3).

1° *Détermination des parties contractantes.* — Du côté des employeurs, il n'y a pas de difficultés. On doit admettre comme parties contractantes, soit les groupements professionnels : syndicats et unions de syndicats, soit les employeurs individuellement, car un riche patron représente une véritable collectivité de capitaux.

Pour ce qui est des employés, on discute passionnément.

Le projet Doumergue, par un texte ambigu (4), a semblé admettre d'autres groupements que les syndicats, sans en préciser la nature juridique.

(*Voir la suite dans le Supplément aux Rapports des Commissions.*)

(1) A. A. 1759. c. civ. : « Si le locataire d'une maison ou d'un appartement continue sa jouissance après l'expiration du bail par écrit, sans opposition de la part du bailleur, il sera censé les occuper aux mêmes conditions, pour le terme fixé par l'usage des lieux et ne pourra plus en sortir ni en être expulsé qu'après un congé donné suivant le délai fixé par l'usage des lieux. »

(2) Art. 1146. c. civ. : « Les dommages-intérêts ne sont dus que lorsque le débiteur est en demeure... »

(3) Voy. *Rapp. au Congrès de Rouen*, ch. VI et VII.

(4) Art. 12 : « ... des conventions collectives de travail peuvent être conclues entre un ou plusieurs employeurs et un syndicat ou groupement d'employés... »

Commission de l'Enseignement et de la Défense Laïque

La Défense Laïque — Les Œuvres complémentaires de l'Ecole

LA DÉFENSE LAIQUE

Rapport présenté par M. A.-H. CANU

Citoyens et chers camarades,

Parmi les conclusions que, l'an dernier, à Rouen, notre éminent ami Dubief, ancien ministre, rapporteur de la commission d'enseignement et de défense laïque formée au congrès même, fit adopter, vous avez gardé mémoire de celles-ci :

Vous aurez à vous prononcer en faveur de la création et de l'organisation des patronages laïques qu'il appartient au département, aux communes et à l'Etat de subventionner pour les faire vivre et leur permettre de lutter contre les patronages d'esprit religieux.

Enfin, vous direz votre volonté de voir voter la grande loi organisatrice de l'enseignement technique, rapportée à la Chambre de façon magistrale par M. Astier, ancien député, aujourd'hui sénateur de l'Ardèche, qui consacre le principe de l'obligation et grâce à laquelle en même temps que vous soustrairez l'enfant de 13 à 18 ans aux dangers de la rue et lui assurerez la possession d'un métier, vous donnerez à notre pays à la place de « manœuvres » toujours prêts à grossir les bataillons des « sans travail » des artisans qui feront la force économique et la prospérité de la patrie.

C'est à raison même de ces conclusions contre lesquelles pas une voix ne s'est élevée, pas un mot n'a été prononcé dans le congrès, que la commission permanente d'enseignement et de défense laïque, constituée au sein du Comité exécutif, a mis à l'ordre du jour de ses travaux la très grosse et très importante question des œuvres postscolaires, question générale qui englobe dans son ensemble la question particulière des « patronages laïques » posée au congrès de Rouen par notre excellent et éminent ami Dubief, que nous n'avons malheureusement pas eu le plaisir de voir prendre part à nos travaux, et que la commission, eût très volontiers, chargé de faire un rapport sur la question de l'enseignement technique sur laquelle il possède une compétence particulière.

Se conformant à la méthode de travail mise en usage par d'autres commissions en vue du congrès de Rouen, votre commission d'enseignement a, dès que le Comité exécutif eut statué sur les propositions de la commission d'organisation du congrès de Nîmes au sujet de l'ordre du jour des travaux de celui-ci, dressé un *questionnaire*, qu'elle a adopté dans sa séance du 21 avril, pour être adressé à tous nos comités et fédérations et que je me permets de replacer sous vos yeux.

QUESTIONNAIRE

1. Quelle est l'étendue de la circonscription de votre comité ? Est-il communal ? Ou combien de communes comprend-il ?

2. Combien y a-t-il, dans cette circonscription, de caisses des écoles constituées et en état de fonctionnement ?

3. Ces caisses reçoivent-elles toutes des subventions municipales ? Indiquez-en les chiffres ?

4. Combien de ces caisses vivent-elles de leur vie propre, sur les seules ressources des dons et legs dont elles ont été bénéficiaires ?

5. Combien d'entre elles vivent-elles des ressources produites par les cotisations de leurs membres ?

6. Quel est le chiffre de la cotisation réclamée de ceux-ci ?

7. Quel est le produit annuel de ces rentes et de ces cotisations ?

8. Combien de ces caisses réservent-elles leurs revenus à des œuvres périscolaires (vestiaires ou cantines) ayant pour but d'assurer la fréquentation scolaire voulue par la loi ?

9. Combien de ces caisses emploient-elles partie de leurs ressources à l'organisation ou à l'entretien de colonies de vacances ?

10. Quelles sont, momentanément, les caisses des écoles de votre circonscription les mieux organisées et dont le fonctionnement est le plus complet ?

11. Combien de ces caisses des écoles emploient tout ou partie de leurs ressources à subventionner des œuvres postscolaires ?

12. Quelles sont les œuvres postscolaires laïques, d'une part, confessionnelles, de l'autre, qui fonctionnent dans votre circonscription ? Désignez-les œuvre par œuvre et commune par commune ?

13. Par qui fonctionnent-elles ? Par des membres du corps enseignant primaire ou secondaire ? Par des personnes étrangères au corps enseignant, volontaires de l'enseignement des adultes ?

14. Quelles de ces œuvres laïques peuvent-elles être développées ou multipliées ?

15. Quels moyens s'offrent à l'initiative privée pour multiplier ou développer ces œuvres laïques ?

Mais avant d'aborder l'étude de ces questions si capitales et des délibérations et renseignements transmis par les fédérations et comités adhérents à notre Parti, il a semblé indispensable à votre commission que son rapporteur vous exposât d'abord l'état actuel de la question de la *Défense de l'Ecole laïque* et vous appelât à la solutionner par un vœu dont elle aurait elle-même approuvé la rédaction.

C'est pour cette raison que le rapport de la commission d'enseignement et de défense laïque comprend aujourd'hui deux parties distinctes.

Citoyens et chers camarades,

Ma première pensée en écrivant le titre de ce rapport est que vous allez vous dire en le lisant que voilà du « déjà vu » et qu'il va vous falloir, cette année encore, être obsédés par un disque ou un rouleau de phonographe déjà maintes fois, trop de fois entendu. Mais je songe aussi que vous voudrez bien excuser votre commission d'enseignement et de défense laïque et aussi son rapporteur s'ils viennent aujourd'hui vous ressasser de nouveau ce refrain trop connu, car vous ne doutez pas, j'en suis certain, que nous ne demanderions pas mieux, comme on dit, de « passer à un autre genre d'exercices ».

Ce n'est point notre faute, à nous, ni la vôtre non plus, si, depuis que la campagne cléricale a recommencé contre l'école laïque et républicaine, comme une revanche des lois de Séparation et de Dévolution, et qu'on a pris la résolution — ferme vous savez combien — de défendre notre école et ses maîtres contre les plus odieuses menées, le Parlement n'a encore rien fait.

Et pourtant, prenez individuellement, un à un, les trois cent trente et quelques membres inscrits à la « gauche démocratique », à la « gauche radicale » et au « groupe radical-socialiste », il n'en est guère qui hésiteront à vous déclarer que la « défense de l'école laïque » est d'une urgence absolue, qu'il faut en finir au plus tôt avec la guerre contre l'école. Si vous poursuivez votre enquête et que vous interrogiez les députés inscrits comme « indépendants », certains « progressistes », bon nombre de « républicains socialistes » et même quelques « socialistes unifiés », vous trouverez encore une phalange assez compacte de parlementaires tout prêts à vous faire d'identiques déclarations. Il s'ensuit qu'il y a, à la Chambre, au moins 400 députés résolus à voter ces projets qui dorment encore depuis trois ans, quoiqu'ils aient été rapportés si rapidement par notre ami Dessoye.

Cette majorité, qu'on me permettra de qualifier « imposante », avait réussi, au cours de la précédente législature, à faire mettre à l'ordre du jour les projets Doumergue et Briand rapportés par Dessoye ; mais elle borna là son effort et, dans sa pusillanimité, laissa la neuvième législature s'achever sans que vinssent en discussion ces projets qui étaient, j'ose le dire, comme votés d'avance, quelque obstruction qu'eussent pu faire les réactionnaires.

Dès l'ouverture de la législature actuelle, les deux rapports de M. Dessoye ont été repris conformément à l'article 18 du règlement de la Chambre, et ils ont même fait leur réapparition à l'ordre du jour. Mais ils ne sont toujours pas votés, non plus que les très intéressants rapports, également repris, de notre ami Pozzi, sur la fréquentation scolaire, déposés depuis le 25 mars 1909, et ceux de notre ami Alfred Massé sur le contrôle de l'enseignement primaire privé et de l'enseignement secondaire privé, ce dernier, notamment, comportant l'abrogation de la loi Falloux en faveur de laquelle notre congrès de Nantes a émis, sur mon propre rapport, un vœu très pressant et très formel.

Depuis cette époque, nous avons vu notre ami Bouffandeau, désespérant de voir jamais venir en discussion les rapports de Dessoye sur les projets Doumergue et Briand, essayer d'en reprendre en partie les conclusions pour en former le texte d'un article additionnel qu'il proposait d'incorporer dans la loi de finances — si tardivement votée — fixant le budget de 1911. Le texte de Bouffandeau fut, vous le savez, longuement discuté par la commission de l'enseignement, puis celle-ci examina un texte transactionnel présenté par nos amis René Besnard, aujourd'hui sous-secrétaire d'État aux finances, Buisson, Dessoye, Pelletan, Thalamas, etc., que notre ami Steeg, devenu ministre de l'instruction publique, demanda instamment à la commission du budget d'incorporer dans la loi de finances. M. Steeg ajoutait qu'il était complètement hostile, par contre, à l'amendement de M. Drelon, soutenu par M. Denys Cochin, qui tendait à mettre, au point de vue des poursuites éventuelles contre les délinquants visés par les amendements Bouffandeau et Besnard, *l'école libre sur le même pied que l'école laïque communale.* Finalement, l'article additionnel ayant la défense de l'école pour but fut disjoint du projet de loi de finances, et notre Parti, qui s'est si formellement prononcé en faveur de cette défense si nécessaire, reste, c'est le cas de le dire, « Gros-Jean comme devant ».

Il me faut, d'ailleurs, ajouter, afin que le présent exposé soit aussi complet que possible, que, quelques jours après la disjonction de l'article additionnel Bouffandeau, M. Steeg, devenu ministre de l'instruction publique du cabinet Monis, déposait le 23 mai dernier sur le bureau de la Chambre, en demandant qu'il vienne en discussion dans le délai le plus rapproché, un nouveau « projet de loi ayant pour objet « d'assurer l'obéissance aux lois et aux « actes légaux de l'autorité publique rela« tifs à l'enseignement primaire public et « à l'exécution des exercices réglementaires « de l'école publique ».

Depuis ce temps, le ministère Monis a été remplacé par le ministère Caillaux et nous avons eu la joie de constater que, dans la constitution du nouveau cabinet, notre ami Steeg conservait son portefeuille.

Dans sa Déclaration, lue aux Chambres le 30 juin, le ministère Caillaux s'exprimait ainsi :

Nous vous demanderons aussi de défendre l'école laïque qu'attaquent et menacent inlassablement les adversaires de nos institutions. Il n'est que temps, pour le parti républicain, de répondre à une campagne qui n'a d'autre objet que d'arrêter ou, tout au moins, d'affaiblir le développement de l'idée républicaine. Paraître l'ignorer plus longtemps serait pratiquer la plus dangereuse des politiques de faiblesse.

Pour tenir la promesse contenue dans ces paroles, qui furent l'objet de vifs applaudissements devant la Chambre, le gouvernement serait dans l'intention — d'après ce qu'annonçait le *Temps* dans son numéro du 6 juillet — « de substituer au « projet déposé sous le précédent ministère « trois projets distincts : 1° sur l'obligation « scolaire ; 2° sur le contrôle de l'enseigne« ment privé ; 3° sur les entraves appor« tées au fonctionnement légal des écoles « primaires.

« Par ces projets on s'efforcerait — con« tinue le *Temps* — d'organiser un con« trôle réel des établissements libres, no« tamment en exigeant des grades univer« sitaires des professeurs appelés à y « donner l'enseignement.

« D'autre part, des conseils d'école se« raient institués autour de chaque groupe « scolaire. Des délégués des pères de fa« mille feraient partie de ces conseils, ana« logues dans leur constitution aux ancien« nes commissions municipales.

« Enfin, par des pénalités correction« nelles, on chercherait à réprimer, d'une « part, les entraves apportées par des tiers « à la liberté du choix des parents touchant « l'enseignement de leurs enfants et, d'au« tre part, les troubles ou désordres provo« qués dans l'école par des interventions « abusives ou par des excitations à des « actes d'indiscipline collective. »

Nos amis membres du Parlement et le Parti tout entier ne pourront évidemment que faire le meilleur accueil à ces projets constituant une réforme d'ensemble et qui, portant la signature de notre éminent ami Steeg ne peuvent que nous fournir une nouvelle preuve du loyalisme laïque d'un homme en qui nous avons la plus entière confiance.

Au surplus, ces projets, dont, vraisemblablement, la commission d'enseignement de la Chambre sera saisie dès la prochaine rentrée, reprendront en grande partie les dispositions des rapports Pozzi, Massé et Dessoye, dont nous avons parlé précédemment, et nous ne pouvons en juger le texte avant qu'il soit livré à la publicité. Si nous avons la certitude que celui-ci sera conforme aux désirs des amis de l'école laïque, nous pouvons toutefois dire que ce n'est pas sans une légitime impatience que nous l'attendons.

Mais, depuis que le Parlement est parti en vacances, certains faits se sont produits qui méritent de retenir pendant quelques instants notre attention. Je veux parler du congrès tenu à Nantes au commencement d'août par les délégués des Amicales d'instituteurs et institutrices ; ensuite, de la manifestation, prétendument « pacifiste », mais surtout inconsidérée et très inopportune, de l'instituteur de Flogny (Yonne), et, enfin, de la lettre que, peu de temps après, notre respecté président de la commission d'enseignement, M. Ferdinand Buisson, a adressée à notre ami le docteur Elie Pécaut et qui, publiée par celui-ci dans le journal *La Frontière du Sud-Ouest*, de Biarritz, et reproduite par de nombreux journaux, a été commentée par un plus grand nombre encore d'organes de la presse de tous les partis qui, sans reproduire le texte d'une lettre privée qui n'était point destinée par son auteur à la publicité, en ont plus aisément travesti le sens et la portée.

Vous le savez, notre respecté président, du haut de sa grande autorité en matière scolaire, est, comme votre rapporteur lui-même, un adversaire du monopole de l'enseignement, et c'est cette mesure, jugée par lui dangereuse et impolitique, qu'il a très explicitement désignée sous les vocables de « trique » maniée par la libre pensée, de « gourdin pour faire marcher ou se taire les gens ». Il a affirmé, avec une courageuse franchise, que la « défense laïque » ne doit pas être faite de pièces et de morceaux, comme le costume d'Arlequin, et qu'il la voit, au contraire, sous la forme « d'une bonne loi organique, complète, corrigeant ce qui doit être corrigé, étendant l'application de nos principes, n'en désavouant aucun... » Et je vous le demande, mes chers camarades, ne devons-nous pas tous, d'un même cœur, abandonnant les lois de circonstance, nous rallier à la proposition d'ensemble qui mettrait au point la loi Ferry du 28 mars 1882 et qu'a déposée notre président et ami Ferdinand Buisson ?

Pour nous, nous croyons que c'est là la véritable tactique. Mais je crois aussi, et j'espère que vous penserez comme moi, qu'il faut qu'on en vienne, et le plus vite possible, à la répression sérieuse de faits comme celui que le tribunal correctionnel de Bourgoin (Isère) a jugé à la fin du mois d'août dernier en condamnant à une peine trop bénigne un prêtre qui s'était permis de venir troubler une classe non achevée, en prétendant la faire quitter de force par les élèves, qui auraient dû être partis pour le catéchisme. Il faut, à notre avis, que de semblables faits, ceux aussi qui ont pour but de retenir les enfants à l'église de façon à leur faire manquer une partie de la classe, et, enfin, l'envoi ou la publication de circulaires du genre de celle de l'évêque de Montauban, soient placés en face d'une législation édictant un châtiment capable de faire sérieusement réfléchir leurs auteurs.

Si, à un autre point de vue, nous devons nous élever contre certaines tendances et certains actes fâcheux de quelques instituteurs, isolés au surplus, qui pourraient éveiller les susceptibilités et des défiances contre l'École laïque et son enseignement, actes et tendances que notre éminent ami Steeg, devenu le « grand maître de l'Université », a sévèrement jugés lui-même dans son récent discours de la Roche-sur-Foron, nous affirmerons une fois de plus notre confiance dans le loyalisme républicain du corps enseignant primaire, digne toujours de notre sympathie et de la haute et noble mission qui lui est confiée.

Ces diverses considérations exposées, il nous reste à proposer à vos suffrages le texte d'un vœu qui sera la conclusion de cette première partie de notre rapport.

Auparavant, toutefois, nous croyons que notre devoir est de vous rappeler le texte de ceux qui furent émis par nos divers congrès depuis que la campagne cléricale a repris contre l'école laïque tout son acharnement.

Voici d'abord celui qui fut présenté et adopté le 10 octobre 1908 par le congrès de Dijon comme conclusion au rapport de notre excellent ami G.A. Hubbard :

Le congrès, résolu à assurer la défense de la laïcité de l'enseignement et la protection des membres de l'enseignement contre les menaces formulées dans la déclaration des évêques du 20 septembre 1908, invite instamment les pouvoirs publics à adopter dans le plus bref délai possible les projets de loi déposés par le gouvernement et rapportés par le député Dessoye au nom de la commission de l'enseignement.

À côté de l'initiative gouvernementale et législative, le congrès radical et radical-socialiste estime que l'initiative individuelle doit agir en faisant surgir des associations de pères de famille et d'amis de l'enseignement pour la défense de l'enseignement laïque.

À Nantes, où j'avais le grand honneur d'être le rapporteur de la commission d'enseignement et de défense laïque, le congrès adoptait, à l'unanimité, dans sa séance du dimanche 10 octobre, les conclusions suivantes que je lui proposais :

Le congrès du parti radical et radical-socialiste émet le vœu :

1° Que le gouvernement réclame sans plus de retard la mise à l'ordre du jour des projets organisant et assurant la défense de l'école laïque ;

2° Que les militants du parti républicain laïque fassent tous leurs efforts pour créer et multiplier, d'accord avec les membres du corps enseignant primaire et secondaire, les associations de pères de famille républicains et d'amis et défenseurs de l'école, organisées dans le seul but d'assurer la défense de l'enseignement et des maîtres laïques contre les menées et les entreprises cléricales ;

Et passé à l'ordre du jour.

Enfin, à Rouen, dans la séance de nuit du 8 octobre 1910 où l'on discuta la question capitale du monopole de l'enseignement qui obtint — votre rapporteur, qui ne s'est point converti, tient à vous le rappeler — un vote affirmatif par 96 voix contre 75, dans un congrès qui comptait plus de huit cents membres, les conclusions de notre honorable ami Dubief, ancien ministre, furent adoptées, celles-là, à l'unanimité. Il les avait ainsi formulées :

Votre commission vous invite en outre et subsidiairement à formuler comme corollaire ce vœu que l'enseignement primaire annexé aux écoles libres d'enseignement secondaire et aux lycées et collèges disparaisse (voté aux congrès de Nancy, Dijon et Nantes), qu'en attendant l'application intégrale du monopole, soient votées les lois protectrices de l'école laïque, dites lois Briand et Doumergue, qui sont à l'état de rapports au Parlement et qui assureront d'une part l'indépendance et la paix des instituteurs et des institutrices contre les tracasseries, les vexations et les injures dont on les abreuve dans certaines régions et contre les querelles injustes qu'on leur cherche, d'autre part une fréquentation plus assidue de l'école par la modification des délégations cantonales auxquelles se substituera l'action de l'inspecteur primaire, déférant au juge de paix les infractions à la loi d'obligation, et par les secours apportés aux familles nécessiteuses auxquelles en prenant l'enfant pour l'école on enlève le maigre appoint du salaire indispensable au budget familial.

Au nom de votre commission permanente et du comité exécutif, j'ai l'honneur, citoyens et chers camarades, de vous proposer d'adopter, comme conclusion à cette première partie de mon rapport, le texte que voici :

Le onzième congrès du parti radical et radical-socialiste,

Se référant aux vœux précédemment émis et continuellement renouvelés par les congrès de Dijon, Nantes et Rouen ;

Considérant que le retard apporté par trois gouvernements successifs et le Parlement tout entier à l'examen et au vote des divers projets et propositions de loi visant l'obligation et la fréquentation scolaires, la responsabilité civile des instituteurs au regard de l'éducation morale des enfants, les manœuvres dirigées, sous le couvert de prétendues associations de pères de famille, par le parti réactionnaire et clérical contre l'école laïque et républicaine, ne fait qu'accroître l'audace et la vigueur de nos adversaires ;

Considérant qu'il importe au plus haut point à la République de sauvegarder l'école qui est une de ses œuvres vives ;

Emet le vœu :

Que le rapport de M. Adrien Pozzi, député, déposé le 25 mars 1909, sur l'obligation et la fréquentation scolaires, celle proposition de M. Ferdinand Buisson sur la révision et le complément de la loi du 28 mars 1882 et les projets annoncés par M. Steeg, ministre de l'instruction publique, soient inscrits à l'ordre du jour de la Chambre, et discutés dans un délai aussi court que possible ;

Donne mandat ferme et formel aux membres du Parlement adhérents au parti d'user de tout leur pouvoir pour que les divers projets ou propositions et tous autres similaires ou connexes ne subissent pas au nouveau retard si préjudiciable retard ;

Et faisant, à ce point de vue, confiance en leur loyalisme républicain et laïque passe à l'ordre du jour.

A.-H. CANU.

Les Œuvres complémentaires de l'Ecole

Rapport présenté par M. HEMMERSCHMIDT, Maire de Villeneuve-St-Georges

Mes chers collègues,

Votre commission, en me chargeant de vous présenter un rapport sur l'état de ses travaux, a surtout voulu, en fixant son choix sur un de ses membres chef d'une municipalité où de modestes essais ont été tentés avec succès, indiquer par là le rôle que peuvent jouer tous les élus municipaux. Lorsque ceux-ci, animés de bonne volonté et de véritable esprit républicain, voudront grouper autour d'eux tous ceux que les questions d'enseignement et de défense laïque intéressent, ils trouveront cette légion de volontaires qui est indispensable si nous voulons obtenir un résultat.

Demandons l'appui des pouvoirs publics et des encouragements, c'est entendu, mais auparavant faisons agir l'initiative individuelle.

Dans son rapport sur la question de la défense laïque, notre collègue Canu vous a exposé avec une documentation sérieuse ce que votre commission disait qu'il fût fait dans ce sens ; elle a pensé qu'en dehors des mesures légales de protection pour l'école laïque qu'elle réclamait, il y en avait d'autres.

Ces mesures, que je suis chargé de vous énumérer, consistent en cette multiplicité d'œuvres complémentaires de l'école ou d'œuvres postscolaires dont nous devons environner l'école comme d'autant de travaux avancés, d'un caractère tout pacifique, mais qui rendront de plus en plus difficile l'assaut des adversaires et finiront par nous amener la totalité des enfants d'âge scolaire.

Les travaux de la commission ont surtout porté sur ce point capital, car nous nous sommes rendu compte que là était le défaut de la cuirasse, et qu'il fallait se fortifier de ce côté.

L'influence énorme acquise par les cléricaux au moyen de leurs patronages était une indication suffisante qu'il y avait là une arme dont il fallait faire usage, sans craindre d'être accusé de plagiat. Nos adversaires, dont les ressources financières sont considérables, les utilisent en grande partie sous cette forme ; ils ne réussissent que faute d'organisations similaires de notre côté.

Le rapport présenté par M. Edouard Petit à la suite de son inspection nous montre que, malgré quelques progrès réalisés, nous sommes encore bien au-dessous de ce qui devrait exister, et que, dans certains départements, le nombre d'œuvres complémentaires de l'école est insignifiant et hors de proportion avec le nombre d'écoles en exercice.

Ce rapport aura surtout pour résultat de nous indiquer les points faibles, sur lesquels notre effort devra porter, et les départements dans lesquels les préfets et les inspecteurs d'académie auront à favoriser la création d'organes indispensables partout où ils n'existent pas.

M. le ministre, près de qui un de nos collègues de la commission, M. Canu, a fait une démarche pour s'assurer de sa bienveillance, en a reçu le plus favorable accueil et la promesse que son concours nous était acquis.

Il résulte du rapport Petit et d'autres renseignements provenant d'autres sources que dans un département, qui pourtant occupe une bonne place au point de vue des progrès de l'enseignement, il s'agit de l'Aisne (l'arrondissement Château-Thierry n'est pas compris), sur 717 communes, 276 seulement possèdent une caisse des écoles : 441 — retenez bien ce chiffre — ignorent que la loi les oblige à en avoir une, et nous sommes dans un département soi-disant privilégié, et encore la plupart sont simplement chargées de répartir les crédits pour fournitures scolaires. Là se borne leur action.

Au point de vue patronages laïques, la situation est encore plus triste dans ce département.

Trois patronages laïques seulement fonctionnent, deux de garçons et un de filles, alors que vingt-six patronages religieux existent : douze de garçons et quatorze de filles.

Il est impossible que nous restions dans cet état d'infériorité, encore plus flagrant dans d'autres départements, où les organisations sont presque nulles ; il faut en créer partout où il n'y en a pas, d'autant plus que ces organisations sont d'excellents facteurs pour obtenir et favoriser la fréquentation scolaire.

Voici la nomenclature des œuvres indispensables à créer ou à soutenir :

Caisses des écoles

Ce qui est vraiment surprenant, c'est de constater que cet organe OBLIGATOIRE prévu par la loi, et qui devrait exister partout, ne

...nctionne que dans le tiers des communes composant l'ensemble de la France. Comment l'administration, si rigoureuse pour application de certains règlements moins importants, s'est-elle désintéressée de la création de caisses des écoles partout où elles n'existent pas ?

C'est en effet le moyen le plus puissant de favoriser la fréquentation scolaire.

C'est grâce à elles que des vêtements et des chaussures sont donnés aux enfants pauvres qui, sans cela, ne pourraient se présenter décemment vêtus à l'école.

C'est grâce à elles que les cantines scolaires donnent pour un prix modique des aliments chauds et substantiels aux enfants qui souvent, en raison des intempéries ou de l'éloignement du logis paternel, manqueraient l'école ou la suivraient irrégulièrement si la cantine n'existait pas.

C'est grâce à elles que, pendant la belle saison et les vacances, sont organisées des colonies de vacances qui permettent aux enfants des villes, s'étiolant dans des logis étroits et insalubres, d'aller respirer soit à la mer ou à la montagne un air pur qui combattra les dispositions qu'ils auraient à la chlorose, à l'anémie et à la tuberculose.

C'est grâce à elles que les patronages laïques, ainsi que je le fais observer dans la partie suivante, pourront se créer et fonctionner.

Il est donc de toute utilité que le ministre de l'instruction publique se fasse donner, dans le plus bref délai, la liste de toutes les localités où cet organe ne fonctionne pas, et qu'aussitôt les préfets mettent en demeure les municipalités d'avoir à les créer d'urgence, en donnant leur composition, ainsi que le relevé semestriel ou au moins annuel de leurs opérations.

Si des indemnités ou des allocations peuvent être accordées à des parents pour leur permettre d'envoyer leurs enfants à l'école, c'est encore à cet organe intéressant entre tous qu'on aura recours pour en faire la distribution judicieuse et veiller à ce qu'il ne soit point fait d'abus.

Il ne s'agit point là d'une prime à la fréquentation, comme l'a dit ironiquement M. Descaves, mais d'une aide pécuniaire pour les familles nombreuses et peu aisées qui éprouvent la tentation bien excusable de placer prématurément leurs enfants afin d'en tirer profit.

Ces cas nous sont révélés dans ma commune par le fonctionnement de la commission scolaire.

Patronages laïques

Voici l'organe indispensable au moyen duquel nos adversaires ont obtenu des résultats très satisfaisants qui permettent de faire une guerre acharnée à l'école laïque.

Sous les séduisantes apparences de l'amusement et de la distraction sous les formes les plus variées, grâce à la collaboration du clergé et des bonnes volontés privées, presque partout fonctionnent, sous la direction du curé, des patronages religieux. L'influence acquise par ce moyen est considérable ; il est temps que nous nous rendions compte qu'il est nécessaire qu'à cet effort accompli nous opposions également le nôtre, car si nous hésitons à le faire, nous ne tarderons pas à nous apercevoir que ces patronages deviendront les meilleurs agents de recrutement pour l'école libre au détriment de l'école publique.

Comment doit-on former un patronage laïque ? Quelles sont les mesures préliminaires à prendre ?

Nous répondrons à toutes les municipalités républicaines, qui en doivent prendre l'initiative, car c'est de la mairie que doit partir le mouvement : Transformez la Caisse des écoles en patronage, ou plutôt insérez dans ses statuts un article additionnel ainsi conçu.

Après l'article 1er indiquant que la Caisse des écoles a été créée pour favoriser la fréquentation des classes, ajoutez :

« Elle coopère en outre au moyen de ses membres adhérents aux œuvres postscolaires et interscolaires, soit par elle-même, soit en s'associant au personnel enseignant, aux amicales d'anciens élèves ou autres œuvres similaires, pour assurer le jeudi, le dimanche et pendant les vacances la protection et la distraction des enfants d'âge scolaire ou venant de quitter l'école, prolongeant ainsi son action bienfaisante.

« Le comité décide des moyens à employer pour organiser cette participation et lui faire porter ses fruits. »

Ce moyen employé à Villeneuve-Saint-Georges dans la commune que j'ai l'honneur d'administrer a donné les meilleurs résultats.

Il a l'avantage d'être simple et surtout d'éviter la constitution d'un nouvel organe et de recruter de nouvelles bonnes volontés agissantes, celles placées à la tête de la Caisse des écoles étant tout indiquées.

Cet organe créé dans les conditions indiquées, son fonctionnement devra prévoir : les jours de semaine, dans les interclasses, les distractions ordinaires des jeunes enfants d'âge scolaire. Ceux-ci, réunis dans un local spécial ou locaux scolaires, seront préservés des dangers de la rue. Une surveillance discrète mais réelle à laquelle seront associés le moins possible les membres du personnel enseignant, afin de ne point donner au patronage l'allure de classe de garde, présidera au fonctionnement.

Les bonnes volontés privées ne feront point défaut, tous les amis de l'école laïque tiendront à honneur de prêter leur concours.

Très fréquemment des fêtes offertes à tous les enfants et à leurs parents, réunissent plusieurs générations de ceux qui se sont assis sur les bancs de la laïque.

Ces fêtes peuvent comprendre des conférences sur des sujets d'actualité, une partie littéraire ou dramatique, une partie musicale et de chant, une récréation enfantine, une séance de cinématographe instructif et amusant et une partie de danse, car les réunions prennent vite le caractère familial, les assistants étant de la même région et ayant appartenu à la même école.

Voilà à notre avis ce que doivent être les patronages et ce que nos amis membres des municipalités républicaines doivent faire pour en organiser dans leur cité ; il va sans dire que partout où la mairie appartient à la réaction nous n'aurons aucun appui de ce côté, mais en revanche faute de collaboration officielle les bonnes volontés individuelles devront faire le nécessaire pour créer un patronage dont le fonctionnement sera un peu plus difficile, mais qui rendra les plus grands services.

Voilà brièvement résumé ce qu'il est possible de faire, grâce au zèle et à la bonne volonté de tous les élus républicains qui sauront faire chacun dans leur région leur devoir.

Et il y a beaucoup à faire puisque le rapport de M. Edouard Petit ne nous révèle l'existence que de 2,116 patronages dans toute la France.

Sociétés amicales d'anciens et d'anciennes élèves des écoles laïques

S'il est une société qui rende d'utiles services et qui contribue à prolonger au delà de l'époque de scolarité le lien moral qui doit unir tous ceux qui se sont assis sur les bancs de la laïque, c'est bien l'amicale d'anciens élèves.

Partout, et ceci regarde particulièrement les instituteurs et institutrices, on devra s'efforcer au moment où l'enfant, ses études primaires terminées, quitte l'école de la faire adhérer à l'amicale locale qui aura été créée. Pour encourager cette adhésion le président, qui sera souvent un membre du personnel enseignant, auquel s'adjoindront les membres du comité, tous anciens élèves, fera luire à l'enfant, outre l'avantage de se retrouver avec ses anciens camarades, l'intérêt qu'il aura à être sociétaire, puisqu'on s'efforcera, lorsque le besoin s'en fera sentir, de l'aider à trouver un emploi et du travail, un appui et des conseils s'il en a besoin.

Des fêtes et des distractions seront en outre organisées auxquelles il pourra, ainsi que en famille, participer, mais dans toutes ces récréations le côté instructif ne doit pas être négligé, c'est un puissant moyen de propagande.

L'école doit être le pivot et le point de ralliement de tous.

Et au surplus les amicales d'anciens et d'anciennes élèves constitueront la pépinière dans laquelle on trouvera les bonnes volontés nécessaires et les dévouements que le fonctionnement des patronages laïques exigera.

Ne sera-t-il pas naturel en effet que ceux qui sont redevables à l'école de ce qu'ils ont appris par elle payent leur dette de reconnaissance en donnant leur activité à leurs camarades plus jeunes.

Œuvres d'éducation populaire

Les cours d'adultes professés dans les écoles primaires par les instituteurs rendent de grands services dans les petites agglomérations peu importantes, centres agricoles, où la journée entière est prise par les travaux des champs, et ne laisse à ceux qui veulent compléter leur instruction que quelques heures de liberté le soir. Le personnel enseignant suffit à sa tâche et la remplit avec un zèle auquel il faut rendre un légitime hommage.

Mais nous avons les centres plus importants, les grandes villes, où les classes ont un effectif important qui absorbe l'activité du maître et lui impose tant pour sa classe que pour la correction des devoirs un lourd labeur qui rend difficile la tenue de cours d'adultes.

Là, il faut multiplier et encourager toutes les œuvres qui se sont donné pour but l'éducation populaire : Associations philotechniques ou polytechniques, Unions françaises de la jeunesse, universités populaires, conférences républicaines populaires, jeunesses républicaines et laïques, etc., etc.

Toutes concourent à la même tâche ; il faut faire les plus grands efforts pour les favoriser.

Cette armée de braves gens qui, sans rétribution aucune, donnent leur temps et leur peine pour répandre l'instruction, a droit à la reconnaissance de la démocratie.

Ils donnent dans leur cours, outre l'enseignement classique, l'instruction pratique et professionnelle que l'expérience acquise dans l'exercice d'un métier ou d'une profession rend précieuse.

L'âge des élèves, plus élevé qu'à la primaire, permet des rapports entre professeurs et élèves plus libres, moins empreints de cet esprit de discipline hiérarchique, nécessaire si l'on veut obtenir des enfants l'obéissance et l'application.

Par des conférences intéressantes sur des sujets d'actualité scientifique, sur des voyages et sur tout ce qui est susceptible d'intéresser les grandes personnes aussi bien que les enfants, ils complètent l'éducation primaire de tous ceux qui ne dépassent pas ce niveau éducatif.

Il faut donc subventionner dans la plus large mesure toutes les sociétés qui ont pour objet l'éducation nationale, favoriser la création de sections partout où il sera possible d'en créer.

Il sera bon d'organiser un service de conférences itinérantes qui sera chargé d'aller dans les localités peu importantes où la constitution d'une section paraîtrait difficile ou impossible.

La commission a particulièrement insisté sur ce point, car elle s'est rendu compte qu'il y a là un moyen économique de collaborer à l'éducation nationale, sans surcharge pour le budget.

Le gouvernement a le moyen, par des récompenses honorifiques, de reconnaître les services rendus.

Et, au surplus, il faut insister sur ce point, toutes ces œuvres indépendantes, agissant par leur propre initiative, prouvent qu'on peut faire œuvre utile sans avoir besoin de recourir à l'Etat et d'attendre son impulsion.

Mutualités scolaires ou petites Cavé

Il n'est pas de moyen plus puissant pour faire de la propagande mutualiste. Aussi, de même que les Amicales d'anciens élèves doivent exister partout, il faut que le personnel enseignant dans chaque école de France fasse fonctionner une petite Cavé.

Dès l'école maternelle, l'enfant doit prendre le goût de l'épargne ; c'est le meilleur moyen de le lui inculquer que de l'habituer par son modeste versement de 0 fr. 10 par semaine à se constituer sans effort apparent une petite retraite.

Si les petites Cavé fonctionnaient depuis cinquante ans, il est fort probable que la loi sur les retraites ouvrières ne présenterait pas les résistances rencontrées pour son application.

Chaque enfant se serait rendu compte de ce qu'est en réalité la mutualité, il aurait fait dès son plus jeune âge son éducation altruiste, et n'aurait pas prêté, dans son âge mûr, une oreille complaisante à d'injustes attaques contre une loi sociale présentant d'incontestables avantages.

Il aurait pu, par son expérience personnelle, voir que les petites Cavé, outre les avantages de la retraite pour l'avenir, en présentaient d'autres pour le présent ; que, par exemple, une partie des fonds versés était réservée pour donner aux sociétaires des subventions les aidant à poursuivre leurs études, à supporter les frais d'apprentissage, les dépenses de maladie, ou de couches pour les grandes sociétaires. Ceci, en évitant toute humiliation pour celui qui reçoit, puisque les fonds dont il bénéficie sont prélevés sur la masse collective, à la constitution de laquelle il a participé.

A la sortie de l'école, les Amicales d'anciens élèves veilleront à ce que les enfants ne quittent par la petite Cavé et qu'ils s'affilient à celle existant dans leur nouvelle résidence s'ils abandonnent la localité.

Œuvres de préparation militaire, sociétés de tir, de gymnastique ou de sports de plein air

Il serait puéril de méconnaître l'importance de tous ces groupements.

Ils permettent de favoriser le développement physique des jeunes gens, garçons et filles, de les grouper, de les retenir afin de leur éviter le danger d'autres occupations ou distractions malsaines, ou bien le désœuvrement déprimant.

C'est surtout au point de vue de la préparation militaire pour les jeunes gens que toutes ces œuvres présentent un réel intérêt, les instructeurs militaires voient par elles leur tâche, si lourde depuis la réduction du service à deux ans ans, allégée.

Le législateur a d'ailleurs attaché à la délivrance des brevets des S. A. G. de tels avantages, tant pour le choix du lieu d'affectation des jeunes soldats que pour la rapidité d'obtention des grades, que nous devons nous efforcer, grâce à ces œuvres, d'en faire bénéficier dans une large mesure tous ceux qui sortent de l'école primaire laïque.

Les organisations confessionnelles ont bien compris l'importance de la question, puisque le mot d'ordre général a été donné de fonder partout des sociétés de ce genre, absolument distinctes de celles s'inspirant purement de l'esprit laïque.

Si nous nous désintéressons de cette affaire, nous verrons une quantité de jeunes gens nous échapper et s'affilier à des organisations rivales, dont le succès, à nos yeux, ne pourrait présenter que des avantages si elles se bornaient uniquement au souci du développement physique, au lieu d'en faire une arme de combat contre les idées nouvelles et de progrès social.

C'est pour toutes ces considérations que la commission a étudié la question d'une façon toute particulière, en recommandant à tous nos amis républicains et surtout aux élus, ne cessons pas de le répéter, de soutenir partout où elles existent, de créer où elles n'existent pas, des œuvres de ce genre afin de ne pas nous laisser distancer sur ce point comme sur celui des patronages.

C'est cet ensemble de mesures et d'organisations sur lequel nous devons concentrer toute la force d'action persuasive de notre commission, en y intéressant surtout ceux de nos amis qui ont actuellement les charges du pouvoir, mais aussi les facultés de réalisation immédiate.

C'est sur la création de ce réseau serré et compact, ne laissant échapper aucun des éléments qui nous sont nécessaires pour assurer le triomphe de votre école laïque, que la commission insiste.

La matière à traiter est vaste et complexe, mais il nous a semblé que pour obtenir de suite un résultat, il valait mieux ne pas éparpiller nos efforts et ne pas embrasser tout à la fois.

Nous nous sommes bornés, pour cette année, à nous spécialiser sur deux points capitaux.

1° La défense de l'école laïque et sa fréquentation ;

2° La constitution des œuvres postscolaires et complémentaires de l'école, ce qui est encore une façon indirecte de la défendre.

S'inspirant de ce qui précède, votre commission propose les résolutions suivantes :

« Le congrès de 1911,

Considérant : que, en dehors des mesures législatives de protection de l'école laïque qui viennent d'être demandées, il y a lieu de l'environner de cette multiplicité d'œuvres complémentaires de l'école ou postscolaires, permettant d'assurer à ceux qui la fréquentent le maximum d'avantages qu'elle peut donner ;

Que les adversaires de cette école laïque emploient la majeure partie de leurs subsides à créer des œuvres de cette nature qui ne réussissent que faute d'organisations similaires animées de l'esprit laïque ;

Qu'il est urgent pour le parti républicain de prendre sans retard les mesures nécessaires pour en créer dans toutes les localités ;

Que c'est encore un moyen de défendre l'école laïque et de répandre son influence,

Emet le vœu :

1° Que l'administration rappelle que l'existence d'une caisse des écoles est obligatoire dans chaque commune ;

Qu'un rapport, au moins annuel, sur son fonctionnement, doit être envoyé au préfet

2° Que des mesures législatives assurent par des subventions communales obligatoires des ressources aux caisses des écoles

3° Que des patronages laïques, créés au besoin sous les auspices des caisses des écoles, fonctionnent partout pour assurer la distraction et la protection des enfants d'âge scolaire pendant les interclasses grâce aux bonnes volontés privées ;

4° Que les instituteurs et institutrices forment dans toutes leurs écoles des Amicales d'anciens et d'anciennes élèves, excellent moyen de prolonger l'influence de l'école et son action bienfaisante ;

5° Que toutes les œuvres d'éducation populaire, associations polytechniques et photechniques, unions françaises de la jeunesse, universités populaires, conférences républicaines populaires, jeunesses républicaines et laïques, soient assurées de la bienveillance administrative pour la tâche admirable à laquelle elles se dévouent ;

6° Qu'une petite Cavé (mutualité scolaire) fonctionne obligatoirement dans chaque école pour donner à l'enfant, dès son plus jeune âge, l'éducation mutualiste qui développera ses sentiments altruistes ;

7° Que soit favorisée la création de toutes les sociétés ayant pour but le développement physique, le tir, la préparation militaire, les exercices de plein air ;

8° Que M. le ministre de l'instruction publique sollicite du Parlement l'augmentation très sensible du crédit porté à son budget pour subvention aux œuvres complémentaires de l'école ; que cette somme soit répartie entre toutes les œuvres dont il vient d'être question, au prorata de leur importance et des difficultés d'existence au lieu desquelles elles sont placées.

Le congrès, confiant dans le loyalisme démocratique des élus du parti et dans la volonté laïque de ses militants, fait appel à leur concours pour favoriser l'ensemble de ces mesures, au Parlement, par des dispositions législatives appropriées, et dans le pays, par une incessante propagande. »

Travail manuel à l'école élémentaire création de cours complémentaires professionnels

Ainsi que notre collègue M. le sénateur Beauvisage nous l'a fait observer, il n'est pas nécessaire de demander une réforme des programmes scolaires pour obtenir l'enseignement du travail manuel à l'école élémentaire ; le principe en est tout au long compris dans la loi du 28 mars ; il s'agit simplement d'en exiger la rigoureuse application et de demander à M. le ministre de l'instruction publique que, par une circulaire à ses inspecteurs, il leur prescrive de rappeler à tous les instituteurs qu'ils sont à s'inspirer du texte légal, en y apportant les modifications que leur inspireraient les circonstances locales et spéciales des centres où ils sont placés, afin de faire rendre à la mesure si sagement prévue par la loi du 28 mars tout ce qu'elle peut donner.

Elle sera d'ailleurs la meilleure et la plus sûre préparation à l'importante question de l'enseignement du travail professionnel.

Cette question, toujours à l'étude, sur laquelle d'importants rapports ont été déposés, notamment celui de M. Astier, n'est point encore résolue législativement ; il y a une très grande importance à ce qu'elle le soit incessamment. Nous pourrions d'abord nous inspirer de ce qui se fait à l'étranger, notamment en Suisse, en Allemagne et en Belgique, et, sans passer à l'étranger, à Tourcoing : cela prouve qu'on peut faire quelque chose si on a le désir d'aboutir.

La crise de l'apprentissage est indéniable, les conditions de l'existence deviennent de plus en plus dures, les parents sont tentés de faire produire rapidement par leurs enfants la compensation des sacrifices qu'ils se sont imposés pour les élever, la longueur des délais d'apprentissage les effraie. Seules, les mesures en question pourront abréger ces délais ; il ne faut pas hésiter à les prendre rapidement, cela a une grande importance sociale.

Lorsque l'enfant, dès son âge le plus tendre, aura été accoutumé au travail manuel, lorsque plus grand, dans des cours complémentaires, dont la fréquentation obligatoire sera légalement prescrite et assurée avec les mêmes sanctions que pour la primaire, on lui aura enseigné la connaissance et le maniement adroit des outils, il pourra, sa vocation et ses goûts s'étant affirmés et spécialisés, aborder sans tâtonnements la partie à laquelle il est apte.

Ce qu'il faut éviter avec soin, c'est de faire à l'école de l'apprentissage proprement dit ; les essais tentés dans ce sens ont donné des mécomptes.

Les éléments premiers acquis par l'enfant, les progrès du machinisme qui ont transformé complètement l'industrie, permettront de réduire la durée de l'apprentissage d'une façon notable. Les parents, par conséquent, hésiteront moins à faire apprendre un métier à leurs enfants, puisqu'ils seront certains qu'on ne les emploiera pas pendant de longs mois à l'emploi de commissionnaire ou de saute-ruisseau.

Et puis, n'y aura-t-il pas un avantage moral à donner de très bonne heure le goût du travail manuel aux enfants ? Ce leur sera, au surplus, un délassement salutaire qui développera chez eux l'ingéniosité.

S'inspirant de ces principes, la commission propose la résolution suivante :

« Le congrès de 1911,

Considérant les conditions économiques qui se modifient chaque jour, l'âpreté de la lutte pour la vie, la transformation incessante de l'outillage,

Les longs délais réclamés pour l'apprentissage, et qui sont une des principales causes de la crise,

Émet le vœu :

1° Que M. le ministre de l'instruction publique rappelle à ses subordonnés que l'enseignement du travail manuel est obligatoire dans toutes les écoles élémentaires, d'après la loi du 28 mars, et qu'il tienne la main à cette observation, laquelle aura les plus heureux effets pour la préparation à l'éducation professionnelle ;

2° Que la question de l'enseignement professionnel soit législativement résolue, conformément au rapport Astier ; que la fréquentation des cours soit obligatoire de treize à dix-huit ans.

Le congrès fait un pressant appel auprès des élus républicains pour qu'ils sanctionnent par leur vote cet ensemble de mesures. »

La commission de l'enseignement pour aboutir à ces conclusions, pour vous proposer ces différents vœux, n'a eu qu'à s'inspirer du rapport présenté l'an dernier au congrès de Rouen par M. Dubief.

Dans ce remarquable travail, toutes les questions étaient envisagées, toutes les voies tracées ; nous avons étudié et nous avons suivi ce qui nous avait été magistralement exposé.

Souhaitons que tout cela aboutisse, que les sphères gouvernementales veuillent bien nous aider à réaliser l'idéal de M. Dubief, qui est celui de la commission.

Nous avons parmi nos collègues le grand maître de l'Université, c'est une bonne fortune qui doit nous permettre de lui demander son haut et bienveillant appui en assurant dans son département les moyens de venir en aide pécuniairement et moralement surtout à toutes ces œuvres dont l'éclosion et la vie sont indispensables si nous voulons arriver à un résultat satisfaisant.

Nous estimons, et la commission ne pourra jamais le dire avec trop de force, que l'initiative individuelle et les bonnes volontés privées sont les éléments indispensables sur lesquels nous devons compter.

Elles devront être secondées, cela va sans dire, par tous ceux de nos amis qui détiennent un mandat électif quelconque, municipal surtout ; un certain nombre ne se rend pas assez compte qu'il faut agir énergiquement. Des affirmations de loyalisme républicain au moment des élections sont insuffisantes, le meilleur moyen de prouver qu'on l'est aujourd'hui c'est de collaborer à l'œuvre scolaire.

Le personnel enseignant, déjà absorbé par sa lourde tâche professionnelle, devra être le moins possible mis à contribution pour le fonctionnement de toutes ces œuvres postscolaires, qui devront conserver leur caractère indépendant et vivre grâce à la collaboration des dévouements individuels.

Malgré cela il ne nous sera pas interdit de demander au ministre des subventions aussi larges que possible pour permettre à toutes ces œuvres de se développer et de lutter avec les organisations confessionnelles largement dotées par tous ceux qui sont animés de l'esprit réactionnaire.

Le ministre voudra bien également donner des ordres aux inspecteurs pour que les locaux scolaires soient mis libéralement à la disposition des patronages laïques ou autres institutions similaires, en dehors des heures de service bien entendu, afin d'éviter le retour de ce que nous signalait l'ami Vibert ces jours derniers, en nous dépeignant un patronage laïque à la recherche d'un abri qui lui était refusé par l'administration académique.

Il ne semble pas que nous soyons trop exigeants en sollicitant des subventions et en demandant que l'administration ne traite point en ennemis ceux qui sont ses plus précieux auxiliaires.

Lorsque nous aurons gagné notre cause sur ces trois points principaux et persuadé à tous les républicains l'urgence de s'en préoccuper chacun dans sa sphère, nous pourrons ensuite, la place forte étant en sécurité, nous occuper de la revision des programmes scolaires, de leur orientation résolue dans le sens utilitaire et pratique, ne chargeant point l'esprit de l'enfant d'un bagage encombrant et inutile, nous appliquant, suivant Montaigne, à lui faire plutôt une tête bien faite qu'une tête bien pleine. Cette préoccupation devra s'étendre à tous les degrés de l'enseignement, aussi bien des filles que des garçons ; mais la tâche sera d'abord d'aller au primaire, touchant tous les enfants sans exception.

La commission fait ressortir l'importance capitale que le parti républicain doit attacher à toutes les questions éducatives, puisque c'est par elles que doit être formée la génération républicaine de demain.

Ne nous lassons pas de le répéter, jamais la situation n'a été plus critique, l'optimisme serait coupable, les efforts de nos adversaires n'ont jamais été plus résolus afin d'attaquer l'école laïque.

Il convient donc d'imiter leur ardeur pour la défendre ; la création d'œuvres postscolaires, de patronages surtout, voilà le meilleur moyen ; n'hésitons pas à l'employer.

Mais auparavant, qu'on sache bien la protéger par des mesures légales devant lesquelles capituleront bien vite ceux qui sauront que nous sommes résolus à agir, si l'on nous y oblige.

HEMMERSCHMIDT,
Maire de Villeneuve-St-Georges.

Commission des affaires extérieures

ET COLONIALES

RAPPORT

présente par M. G. BOUSSENOT, Rapporteur général de la Commission

Votre commission des affaires extérieures et coloniales nous a donné mission de soumettre à votre examen et à votre approbation des vœux se rapportant : 1° à l'application des lois laïques dans celles de nos possessions lointaines où ces lois n'ont pas encore été mises en vigueur ; 2° au régime électoral dont il conviendra de doter les colonies à représentation quand la question de la réforme électorale sera posée devant le Parlement.

Avant toutes choses, une précision : dans quelles conditions une loi votée par les Chambres peut-elle être rendue exécutoire dans nos possessions d'outre-mer.

A cet égard, deux cas sont à distinguer : 1° Dans les colonies dites anciennes (Antilles et Réunion) toutes les lois adoptées par le Parlement sont applicables après une simple promulgation du gouverneur intéressé, si les Chambres ont spécifié que ces lois devaient s'étendre aux colonies, ou après décret du président de la République, rendu sur la proposition du ministre, si ce dernier détail a été omis dans le texte.

Voilà pour la Martinique, la Guadeloupe et la Réunion, lesquelles possèdent dans le sénatus-consulte de 1854 une véritable charte.

2° Quant aux autres régions, Sénégal, Cochinchine, Inde, etc., elles sont — toujours d'après le sénatus-consulte de 1854 — placées sous le simple régime des décrets : le chef du département y légifère à son gré.

Les Lois laïques aux Colonies

Où en est, à l'heure actuelle, l'application des lois laïques dans nos colonies ? C'est ce que nous allons examiner en quelques mots.

Les dispositions des lois de laïcité — loi du 1er juillet 1901 sur le contrat d'association ; loi du 7 juillet 1904 sur la Séparation — n'ont été mises en vigueur dans nos différentes possessions d'outre-mer que progressivement et en tenant compte du degré de civilisation auquel sont parvenus les habitants de ces possessions. Aussi la législation varie-t-elle considérablement d'une colonie à l'autre. Mais, en règle générale, nous pourrons, dans l'étude qui va suivre, diviser nos possessions lointaines en deux catégories : 1° celles qui sont soumises au régime du sénatus-consulte de 1854 (Antilles et Réunion) ; 2° celles qui sont assujetties au régime des décrets (Guyane, Cochinchine, Inde, Nouvelle-Calédonie, etc.).

A) Loi sur le contrat d'association

ANTILLES ET RÉUNION. — La loi sur le contrat d'association a été étendue à ces colonies par la loi du 19 décembre 1908. Le règlement d'administration publique pour son exécution est du 4 octobre 1909. Reste encore à régler, à cette heure, la question de la substitution des liquidateurs administratifs aux liquidateurs judiciaires, question dont la direction des cultes est déjà saisie depuis un certain temps. A plusieurs reprises, des groupements, d'ordre confessionnel, ont essayé de se constituer dans quelques colonies : les gouverneurs ont dû sévir et à la Réunion, en particulier, l'honorable Rodier a dispersé une association de jésuites qui s'était formée secrètement dans la capitale, Saint-Denis. Il est fâcheux de constater que dans certaines autres régions de notre domaine d'outre-mer des gouverneurs n'ont pas craint de tolérer la constitution illégale de groupements confessionnels et qu'il a fallu l'intervention énergique de leurs supérieurs hiérarchiques — gouverneurs généraux ou ministre — pour les décider à appliquer la loi.

GUYANE, NOUVELLE-CALÉDONIE, OCÉANIE. — Rien n'a encore été fait dans ces colonies.

SAINT-PIERRE ET MIQUELON. — Deux projets de décrets ont été préparés, l'un appliquant la loi sur le contrat d'association, l'autre réglementant les conditions d'application. Ces projets ont été soumis aux ministères des finances et de l'instruction publique, dont l'avis est exigé par le Conseil d'Etat.

B) Lois scolaires et lois sur l'enseignement congréganiste

Deux mots auparavant sur la façon dont sont assurées les dépenses d'instruction publique dans nos colonies. Ces dépenses étaient naguère encore et en vertu d'une réglementation ancienne considérées comme facultatives, et les assemblées locales avaient dès lors toutes facilités pour les réduire à leur gré. C'est dire si dans les quelques-unes de nos possessions lointaines à conseil général réactionnaire et clérical l'enseignement laïque se trouvait parfois menacé et atteint. Dans l'Inde, récemment, on a pu voir le conseil général supprimer l'inspecteur primaire et cela sur la proposition même d'un gouverneur, ex-député boulangiste, M. Martineau. Fort heureusement, le député républicain de la colonie, M. Paul Bluysen, a pu obtenir du Parlement, lors du vote de la dernière loi des finances, l'introduction dans cette loi d'une disposition obligeant les gouverneurs à inscrire les crédits afférents à l'instruc-tion publique *et sur lesquels le conseil général a à se prononcer aux « obligatoires ».*

Enfin, ajoutons qu'en ce qui concerne l'enseignement primaire le personnel de cet enseignement, instituteurs et institutrices, est payé sur les fonds communaux. En exprimant tout à l'heure les desiderata que nous avons à formuler *in fine* de cette étude, nous reviendrons sur cette dernière question.

ANTILLES ET RÉUNION. — Les principales dispositions des lois scolaires ont été étendues aux Antilles et à la Réunion par un décret du 26 septembre 1890, qui a organisé l'enseignement primaire sur le même type que celui de la métropole. Un décret ultérieur, celui du 23 août 1902, a rendu intégralement applicables dans les trois colonies susvisées (Guadeloupe, Martinique et la Réunion) :

1° Loi du 16 juin 1881 sur la gratuité et les titres de capacité ;

2° Loi du 26 mars 1882 sur l'obligation ;

3° Loi du 30 octobre 1886 sur l'organisation de l'enseignement primaire.

Reste la loi de 1904 sur l'enseignement congréganiste. *A l'heure actuelle et en dépit de toutes les réclamations formulées par les groupements républicains (parti radical, action républicaine aux colonies, etc.) la loi précitée n'a pu encore été mise en vigueur aux Antilles et à la Réunion.*

Et cependant, ce n'est point, comme nous le disions plus haut, que les républicains et même leurs dirigeants ne se soient pas occupés de la question. C'est ainsi qu'un arrêté ministériel DU 13 FÉVRIER 1905 a chargé une commission d'étudier le problème de l'extension aux colonies des dispositions de la loi de 1904. Cette commission, sous la présidence de M. Dislère, conseiller d'Etat, a préparé un projet de règlement d'administration publique. Ce projet est, à l'heure actuelle, soumis à l'examen du ministre de l'instruction publique et des cultes. Pourquoi ce règlement persiste-t-il à ne point vouloir sortir ?

GUYANE. — Un arrêté du 31 décembre 1875 du gouverneur de la colonie a proclamé la *gratuité* de l'enseignement primaire. Quoique les lois scolaires n'aient pas été promulguées à la Guyane, le décret du 30 octobre 1889 qui y organise l'enseignement primaire s'inspire de leur esprit : c'est ainsi qu'il proclame la laïcité de cet enseigne-ment. Le décret du 17 septembre 1906, qui est venu remplacer quelques-unes des dispositions du texte précédent n'en a pas modifié les principes directeurs.

La commission dont il a été parlé plus haut a émis un avis favorable à l'application à la Guyane des dispositions de la loi du 7 juillet 1904 sur l'enseignement congréganiste.

SAINT-PIERRE ET MIQUELON. — L'article 4 de la loi du 28 mars 1882 sur *l'obligation* de l'enseignement primaire a été rendu applicable à Saint-Pierre et Miquelon par décret du 10 septembre 1891.

Le décret du 21 juin 1903 qui réorganise l'instruction primaire dans cette colonie ne prévoit la laïcité que pour les écoles de garçons.

En raison des faibles ressources dont dispose le budget local, la commission des cultes a estimé qu'il n'y avait pas lieu d'étendre à Saint-Pierre et Miquelon les dispositions de la loi du 7 juillet 1904.

ÉTABLISSEMENTS FRANÇAIS DANS L'INDE. — Les lois scolaires n'ont pas été promulguées dans les Établissement français de l'Inde.

Un décret du 24 mai 1898 a réorganisé l'enseignement primaire dans cette colonie. Il prévoit l'obligation et la gratuité dans les écoles publiques.

Le personnel enseignant d'instituteurs doit être laïque ; les institutrices peuvent être prises dans les ordres religieux.

Le décret autorise, en outre, l'ouverture d'écoles privées, mais sous certaines conditions.

L'application dans l'Inde des dispositions de la loi du 7 juillet 1904 serait inopportune d'après la commission déjà citée.

ÉTABLISSEMENTS FRANÇAIS DE L'OCÉANIE. — Il n'existe dans les Établissements français de l'Océanie que deux écoles primaires dirigées par un personnel laïque, l'une pour les garçons, l'autre pour les filles ; l'enseignement primaire est surtout donné dans des écoles privées qui sont sous la direction des missionnaires protestants.

La commission des cultes est d'avis de mettre en vigueur, dans cette colonie, les dispositions de la loi du 7 juillet 1904.

Les lois scolaires n'ont pas été promulguées.

NOUVELLE-CALÉDONIE. — Les lois scolaires n'ont pas été rendues applicables en Nouvelle-Calédonie.

L'enseignement primaire a été réorganisé dans cette colonie par décret du 26 septembre 1902. Il est donné dans des écoles privées dûment autorisées et dans des écoles publiques.

Parmi ces dernières, les écoles maternelles et les écoles de centres ont un personnel exclusivement laïque ; l'enseignement y est donné gratuitement.

Les conditions d'aptitude requises des instituteurs et institutrices sont sensiblement les mêmes qu'en France.

D'après l'avis émis par la commission des cultes, la loi du 7 juillet 1904 peut être rendue applicable en Nouvelle-Calédonie.

AFRIQUE OCCIDENTALE FRANÇAISE. — Les lois scolaires n'ont été promulguées ni au Sénégal ni, plus récemment, en Afrique Occidentale française.

L'enseignement a été réorganisé dans cette possession par deux arrêtés en date du 24 novembre 1903, dans des conditions appropriées aux besoins de la population locale, et notamment de la population indigène.

Le personnel enseignant est laïque, en principe.

L'instruction primaire est donnée gratuitement.

La loi du 7 juillet 1904 ne paraît pas devoir être actuellement appliquée en Afrique Occidentale française (avis de la commission).

AFRIQUE ÉQUATORIALE. — Cette possession se trouvant encore dans la période d'organisation, l'instruction publique y est encore à l'état rudimentaire. Il ne saurait être

question de la promulgation des lois de laïcité. *Des raisons d'ordre diplomatique s'opposeraient, paraît-il, à la mise en vigueur de la loi du 7 juillet 1904.*

Dans une instruction du 11 février 1906, adressée au commissaire général, le ministre des colonies préconise l'organisation au Congo de l'enseignement primaire laïque.

Il existe actuellement à Libreville et à Brazzaville des écoles primaires et des écoles professionnelles dirigées par un personnel laïque ; dans l'Oubanghi-Chari-Tchad, des cours primaires sont professés par les fonctionnaires.

Enfin, deux arrêtés en date du 4 avril 1911 du gouverneur général organisent l'enseignement primaire gratuit qui sera confié à un corps d'instituteurs et d'institutrices laïques.

MADAGASCAR. — Les lois scolaires n'ont pas été promulguées à Madagascar. L'enseignement primaire laïque n'y est organisé que partiellement. Il comprend des écoles de garçons et de filles à Tamatave et à Tananarive, pour la population européenne. (Arrêté du gouverneur général du 27 janvier 1903.)

En ce qui concerne la population indigène, l'enseignement primaire a été organisé par un arrêté du 15 juin 1903, complété le 24 janvier 1904. Il est donné dans des écoles privées et dans des écoles officielles.

Partout où il existe une école officielle, l'enseignement primaire est gratuit et obligatoire.

De même que dans les autres colonies africaines, l'application de la loi du 7 juillet 1904 ne présenterait pas d'intérêt. (Avis de la commission.)

INDO-CHINE FRANÇAISE. — Les lois scolaires n'ont été promulguées ni en Cochinchine ni par le gouverneur général de l'Indo-Chine.

Un système assez complet d'enseignement primaire élémentaire et supérieur a été organisé dans chacune des parties de l'Union par arrêtés des autorités locales ou du gouverneur général.

L'enseignement peut être donné dans des écoles publiques et privées. Dans les écoles publiques, le personnel enseignant est laïque et l'instruction primaire simple est donnée gratuitement.

La commission des cultes a émis l'avis que la loi du 7 juillet 1904 pouvait être rendue applicable en Cochinchine et au Cambodge. Mais en Annam-Tonkin, la mise en vigueur de cette loi se heurterait à des difficultés d'ordre diplomatique. (Avis de la commission.)

C) Loi de séparation

ANTILLES ET RÉUNION. — La loi sur la séparation a été appliquée aux Antilles et à la Réunion par un règlement d'administration publique en date du 6 février 1911. Trois autres règlements du même genre restent à prendre : l'un sur les inventaires (préparé et à la veille d'être soumis au Conseil d'État) ; le second sur les pensions (examiné par le Conseil d'État à la veille d'être signé) ; le troisième sur la dévolution des biens (reste à élaborer).

SAINT-PIERRE ET MIQUELON. — Le règlement d'administration publique est en préparation au ministère des colonies. Il pourra être soumis au Conseil d'État dès octobre prochain.

GUYANE, NOUVELLE-CALÉDONIE, OCÉANIE. — Rien n'a été fait jusqu'ici dans ces colonies.

CONCLUSIONS

Deux textes au point de vue laïque, sont particulièrement importants : l'un est relatif à l'enseignement congréganiste (loi de 1904), l'autre à la séparation (loi de 1905).

Enseignement congréganiste. — A l'heure actuelle il n'est aucune de nos possessions lointaines, même les plus assimilées par les mœurs et par les lois qui les régissent, qui aient vu appliquer chez elles la loi de 1904 sur l'enseignement congréganiste. Une commission nommée par le ministre des colonies le 13 janvier 1905 a été chargée d'étudier les conditions d'application de cette loi dans les différentes parties de notre domaine d'outre-mer. Ses conclusions les voici :

1° La loi de 1904 peut être mise en vigueur dans les Antilles et à la Réunion. (Un projet de règlement d'administration publique établi par la commission a été transmis au ministère de l'instruction publique et des cultes) ;

2° La loi de 1904 peut être appliquée à la Guyane, dans les établissements français de l'Océanie, à la Nouvelle-Calédonie, en Cochinchine et au Cambodge ;

3° L'application de ladite loi est, toujours d'après la commission, *sans intérêt* à Madagascar, *indésirable* à Saint-Pierre et Miquelon en raison de l'état financier des îles, *inopportune* dans l'Inde, *prématurée* en Afrique occidentale ;

4° Sa mise en vigueur se heurterait à de grosses difficultés d'ordre diplomatique en Afrique équatoriale, dans le Tonkin et dans l'Annam.

Nous sommes les premiers à reconnaître que dans les colonies où avant 1904 il n'y avait que des écoles congréganistes la fermeture immédiate, brutale des établissements d'enseignement religieux était chose fâcheuse. Mais depuis cette époque l'instruction et l'école laïques ont eu le temps de s'organiser, et dans la grande majorité de nos possessions lointaines il aurait été possible de substituer aux établissements congréganistes des écoles ne relevant d'aucune confession, et cela nous le répétons sans priver la jeunesse de l'instruction à laquelle elle a droit. On ne l'a point fait. Pourquoi ? Est-ce parce que des commissions compétentes, préalablement consultées, ont émis des avis défavorables. Non. Dans les Antilles et à la Réunion, à la Guyane, en Nouvelle-Calédonie en particulier où les Maristes sont tout-puissants, en Océanie, ladite commission se prononça nettement pour l'application de la loi de 1904. Les deux ministères intéressés, celui des colonies et celui de l'instruction publique, ont donc fait preuve en la circonstance d'une apathie inexplicable contre laquelle votre commission a tenu à protester hautement.

Pour les trois colonies assimilées, Guadeloupe, Martinique et Réunion, certains, pour justifier l'indifférence du Département, ont dit que le texte de 1904 ne pouvait point, en droit, être appliqué à ces possessions.

La loi de 1904 spécifie, en effet, dans son article 2 (amendement Georges Levgues), que ses dispositions ne seront applicables dans les vieilles colonies qu'après le vote d'une seconde loi le déclarant expressément. Cet article 2, qui semble, à première vue, enlever au ministre le droit d'appliquer, par décret, aux Antilles et à la Réunion, les textes votés par les Chambres, a été considéré par tous les ordres enseignants exerçant dans nos possessions d'outre-mer comme une addition des plus heureuses, car il constituait, pour les congréganistes, la certitude de ne pas être à la merci d'un acte ministériel.

Est-ce donc aussi sûr que cela, et n'est-il véritablement point possible de rendre exécutoires aux Antilles et à la Réunion les dispositions de 1904 sans un texte de loi nouveau ?

Au risque de causer à ceux qui spéculent sur l'impuissance du ministre à légiférer par voie de simple décret, une déception amère, nous répondrons à cette question d'une façon très affirmative en rappelant — ce que beaucoup ignorent — l'interprétation que donna à la loi de 1904 et en particulier à son article 2 la commission déjà citée.

Cette commission, arguant de ce que, comme nous l'avons dit plus haut, la charte de nos vieilles colonies, classe dans la catégorie des matières juridiques applicables par décret celles relatives à l'instruction publique, déclara formellement, en effet, que le ministre pouvait prendre à l'égard de l'enseignement telles décisions qu'il lui plairait, et cela sans qu'il soit nécessaire de faire intervenir le Parlement.

Quant à celles de nos colonies où la commission en question a déclaré que la mise en vigueur de la loi sur l'enseignement congréganiste soulèverait des difficultés d'ordre diplomatique, elles sont, si le *gouvernement actuel le veut* — et l'attitude de ceux qui l'ont précédé aux Antilles, à la Réunion, à la Guyane, etc... semble prouver qu'il ne le veut pas, — parfaitement en état de se voir appliquer le texte de 1904.

Pour l'Annam et le Tonkin en particulier, on vient prétendre qu'avant l'occupation les missions espagnoles avaient été autorisées à s'établir dans la région par le roi d'Annam et que le protectorat ne devait rien changer à l'état de choses existant. Mais on oublie de dire que dans les trois villes vraiment françaises de Hanoï, d'Haïphong et de Tourane, on a, alors qu'aucune difficulté d'ordre diplomatique n'était à craindre, et que les missions s'y sont installées puissamment, négligé d'appliquer la loi. Non, la vérité, c'est que, pour des raisons que nous ne voulons pas chercher à définir ici, le gouvernement n'a point osé agir énergiquement et qu'il a laissé dans les deux colonies en cause les missions s'établir, prospérer au point qu'un gouverneur général, s'il veut durer,

doit aujourd'hui compter avec elles. Cela est lamentable, mais cependant cela est.

Loi sur la Séparation. — Il reste encore, nous l'avons vu, beaucoup à faire pour que ce texte soit partout appliqué.

Vœu

Le congrès,

Considérant que l'application à nos colonies des grandes lois de laïcité votées par le Parlement ne saurait être différée systématiquement ;

Que la mise en vigueur de ces textes et surtout de celui relatif à la suppression de l'enseignement congréganiste n'a encore été décidée dans aucune colonie, et cela malgré l'opinion des commissions ministérielles compétentes consultées.

Emet le vœu :

Que le département des colonies **prenne** *au plus tôt les mesures nécessaires pour appliquer :*

1° Les lois de 1901 et de 1905 relatives au contrat d'association et à la séparation dans celle de nos possessions d'outre-mer où ces lois sont encore demeurées lettre morte ;

2° La loi de 1904 sur l'enseignement congréganiste dans toutes les colonies sans exception, en procédant naturellement de telle sorte que l'organisation préalable de l'enseignement laïque et public dans les diverses colonies intéressées permette cette suppression sans dommage pour la jeune clientèle scolaire.

La Réforme électorale dans les Colonies à représentation

Sur cette question nous serons bref. La Chambre a amorcé la discussion du projet de loi sur la réforme électorale et montré qu'elle était résolument décidée à la voter. Aucun des projets, gouvernemental ou autre, n'a apporté de modifications au mode de scrutin employé dans celles de nos colonies nommant plus d'un représentant. Dans l'Inde, en Cochinchine et à la Guyane, où il n'y a qu'un seul député, le maintien du *statu quo* s'impose nécessairement. Mais

dans les Antilles — Guadeloupe et Martinique — et à la Réunion, il y a pour chaque île deux députés, élus comme le sont leurs collègues de France, par des circonscriptions distinctes autonomes et où les vices du régime arrondissementier sont au moins aussi nombreux que ceux relevés dans les circonscriptions métropolitaines. Or pourquoi maintiendrait-on pour les possessions indiquées plus haut le scrutin uninominal alors que la majorité républicaine s'est prononcée pour son abolition ? Votre commission a pensé que dans les trois colonies en cause, là où la représentation rigoureuse des minorités est impraticable, il était nécessaire, si l'on veut réellement amender le mode de votation actuel, d'élargir les bases des grandes consultations. Et pour cela il n'y a qu'un moyen, un seul : instituer dans les colonies précitées le scrutin de liste pur et simple qui constituera de l'avis de tous ceux qui défendent le principe de la réforme électorale une amélioration certaine de l'état de choses actuellement existant.

En conséquence, nous vous demandons de bien vouloir approuver le vœu suivant qui s'inspire des considérations précédentes et qui a été déjà adopté, au moins dans son esprit, si ce n'est dans sa forme, par toutes les associations coloniales républicaines qui ont eu à s'occuper de la question.

Vœu

Le congrès,

Considérant que le bénéfice de la prochaine réforme électorale ne saurait aller à la seule métropole, mais qu'il convient de l'étendre, dans la forme où il peut être étendu, aux colonies nommant deux députés,

Emet le vœu :

Que le Parlement incorpore dans la loi relative à la réforme électorale une disposition substituant le scrutin de liste pur et simple au scrutin uninominal dans les colonies de la Martinique, de la Guadeloupe et de la Réunion.

Le rapporteur général
de la commission des affaires extérieures
et coloniales,

Georges BOUSSENOT.

Commission de la Propagande et de l'Organisation du Parti

RAPPORT

présenté par M. J.-L. BONNET, Président de la Fédération Républicaine Radicale et Radicale-Socialiste de la Seine, Rapporteur général de la Commission

Citoyens,

Mes rapports aux précédents congrès vous ont signalé les lacunes de notre organisation. Je suis heureux de constater que, depuis l'année dernière, un sérieux effort de propagande a été tenté et un appréciable résultat obtenu. Mais nous sommes encore loin de compte et nous devons poursuivre plus énergiquement que jamais la formation méthodique de nos groupements.

La Chambre a émis des votes décisifs sur la réforme électorale. Le 3 juillet, elle a adopté l'article premier du projet de loi : « *La Chambre des députés est élue au scrutin de liste* », accepté par 513 voix contre 47 — « *avec représentation des minorités* » — accepté par 303 contre 244. L'ensemble de l'article a été voté par 566 voix contre 4.

Le remplacement du scrutin d'arrondissement par un scrutin de liste avec représentation des minorités étend la lutte au département et oblige notre parti à coordonner et à intensifier son action. Les résistances locales que nous avions rencontrées ne sauraient subsister sans péril. Trop souvent, des représentants empêchaient la création de comités communaux et cantonaux, de fédérations d'arrondissement et de fédérations départementales. Ces groupements, qui leur portaient ombrage et leur paraissaient dangereux ou inutiles, deviennent aujourd'hui la condition même du succès.

Il importe donc de réparer les erreurs du passé et de se mettre hardiment à la besogne. Nous avons le droit d'espérer que, dans chaque département, les sénateurs et députés adhérents prêteront au parti un entier concours ; leur collaboration fraternelle avec les non-parlementaires permettra de surmonter tous les obstacles.

Votre commission préconise l'emploi de tous les moyens de propagande et d'organisation qui ont été recommandés par nos congrès et insiste particulièrement sur les mesures suivantes :

1° Le comité exécutif poursuivra méthodiquement la formation des fédérations départementales et la création de comités adhérents ;

2° Un tableau de conférenciers sera dressé, comprenant les sénateurs et députés adhérents et les orateurs des associations extraparlementaires ;

3° Des résumés de conférences seront rédigés et distribués aux conférenciers ;

4° Des tracts et des brochures sur les questions du jour seront livrés à prix coûtant aux comités et fédérations ;

5° De grandes manifestations périodiques seront organisées et, à la requête des comités et des fédérations ou d'office, des conférences seront faites ;

6° Les comités et fédérations seront invités à assurer la commémoration régulière des grands anniversaires de la Révolution;

7° Une séance du comité exécutif sera consacrée, tous les trois mois au moins, à la propagande et à l'organisation du parti;

8° Afin d'augmenter l'intérêt des séances ordinaires du comité exécutif, les principales questions doctrinales seront successivement mises à l'ordre du jour et discutées.

Notre parti ne fera de nouvelles recrues et ne maintiendra sa suprématie qu'en élargissant sa propagande et en perfectionnant son organisation.

J.-L. BONNET.

Imprimerie Française, J. DANGON, 123, Rue Montmartre, Paris (2ᵉ)

Le projet Viviani a eu recours à une formule analogue (1). J'ai dit (2) que l'auteur avait expliqué dans l'exposé des motifs, qu'il comprenait dans le terme général : groupements, les comités de grève. J'ai montré qu'ainsi il avait rendu sa pensée plus impénétrable, car dans le même article, le même terme *groupements* ne peut être interprété que dans le sens le plus restreint de *groupement permanent* (3)

Ces deux projets avaient essayé de sacrifier aux adversaires des syndicats et leurs tentatives de conciliation ne les avaient amenés qu'à susciter aux syndicats une concurrence dans les associations formées sous l'empire de la loi de 1901, c'est-à-dire à diminuer les garanties données à l'ordre public (4).

Ils ont ainsi contribué à prouver que la participation nécessaire à un syndicat ouvrier est une condition d'existence pour la convention collective.

J'en ai montré les raisons (5), je n'y reviendrai pas, et me bornerai à résumer les éléments du problème :

A. — Si le représentant des intérêts des ouvriers n'est pas un *groupement organisé*, possédant un minimum de personnalité juridique, il ne peut figurer à la convention comme *partie*, mais comme *mandataire* de chacun de ceux qui l'ont délégué. Il n'y a donc point de convention collective, mais autant de *contrats individuels* que de mandants.

Cette seule conséquence suffit sans qu'il soit utile d'exposer les autres (6), pour justifier que, *du côté des ouvriers, le contractant doit être un groupement organisé.*

B. — *Ce groupement doit être permanent.* Si, en effet, il est éphémère tel qu'un comité de grève, il n'y aura personne, ni pour exécuter les engagements qu'il aura pris, ni pour surveiller l'exécution des obligations de l'autre partie. Le contractant disparaîtra au moment même où le contrat commencera d'être appliqué, ce qui serait d'autant plus grave que la « considération de la personne », c'est-à-dire la confiance qu'inspire la puissance du syndicat est un élément essentiel du consentement de l'employeur.

Les garanties d'exécution de la convention sont en raison directe de la puissance du groupement, c'est-à-dire de sa permanence.

---

(1) Art. 1er : « Les représentants d'un syndicat professionnel *ou de tout autre groupement* d'employés peuvent passer... »

(2) Voir p.

(3) Quand il a autorisé les *membres d'un groupement partie à la convention*, à s'affranchir par la démission. On ne peut pas démissionner d'un comité de grève après la fin de la grève, car il est dissout.

(4) « Il serait aisé de prouver que l'association en vertu de la loi de 1901 peut, au service de la faction révolutionnaire, être plus dangereuse que le syndicat. » Martin Saint-Léon. *Hist. des Corporations*, 2e éd., p. 702.

(5) Voy. *Rapp. au Congrès de Rouen*, p. 87 et s.

(6) Voy. pour plus de détails, *ibid.* et p. 78 et s., notamment p. 81.

C. — Dans cette législation, il n'y a pas d'autres groupements organisés et permanents que ceux qui sont formés en vertu de la loi de 1884 ou de la loi de 1901.

Comme je l'ai dit, admettre ceux de la loi de 1901 serait diminuer les garanties données à l'ordre public. En effet :

a) Les fondateurs de ces associations ne sont pas, comme ceux des syndicats, tenus de déposer à la mairie les statuts et les noms des administrateurs ;

b) Leurs membres peuvent être étrangers à la profession et même à des métiers similaires ou connexes (1) ; par conséquent, les agitateurs d'habitude n'en sont pas exclus.

c) *La nationalité française n'est point requise pour leurs administrateurs* (2).

d) Leur but peut être étranger aux intérêts exclusivement professionnels, commerciaux ou agricoles (3). L'agitation politique leur est donc *légalement* permise.

Si les ouvriers étaient portés vers la loi de 1901, il faudrait les en détourner. Ils préfèrent la loi de 1884. Ce serait une véritable aberration que de soulever leurs colères pour en affaiblir l'autorité au profit de la première.

Devant la force de ces arguments, je ne crois pas qu'on puisse admettre à la convention collective pour représenter les intérêts des employés un autre contractant qu'un syndicat.

2o Effets de la convention pour les tiers (4). — Lorsqu'une convention collective a été passée dans une région, il ne peut être question d'en faire une charte obligatoire pour tous. Syndicats d'employés et employeurs seraient unanimes à protester.

Toutefois la force des choses empêche qu'elle soit pour les tiers une simple *res inter alios acta*. Quand deux puissants groupements, patronal et ouvrier, ont arrêté d'accord un tarif de salaires ou une limite des heures de travail, le bruit d'un tel traité se répercute au loin. Si les tiers y ferment l'oreille, les événements ne tardent pas à réveiller brutalement leur insouciance.

Aujourd'hui même, la jurisprudence admet que la convention collective fixe l'usage de la région où elle a été passée (5). C'est dans cette voie qu'il faut s'engager comme d'ailleurs le projet Doumergue (6). Ainsi, la convention aura une réelle autorité. Si les tiers veulent y déroger, leur liberté est absolue ; mais il faut exiger que leur volonté sur ce point soit clairement exprimée dans le contrat de travail, qu'ils se donnent comme loi particulière.

---

(1) L. 1886, art. 4.

(2) Ibid.

(3) Ibid. art. 3.

(4) Voy. *Rapp. au Congrès de Rouen*, p. 95 et s.

(5) Voy. Trib. civ. Seine, 2 juin 1908, J. P. 16-18, sept. 1908.

(6) Art. 18.

CHAPITRE VIII

PROJET DE LOI SUR LES CONVENTIONS COLLECTIVES

(Suite)

TITRES III, IV ET V

§ 1er. — Dispositions spéciales au Contrat d'établissement

J'ai entendu sous la dénomination de *contrat d'établissement* une convention collective dont l'objet est de fixer l'ensemble des conditions du travail pour un seul établissement.

Il est évident que les mêmes règles pourront être adoptées dans plusieurs entreprises dont l'organisation présentera des analogies. Mais elle ne devra pas moins être distinguée de la convention collective proprement dite, en ce qu'elle ne constituera pas une charte générale susceptible d'être étendue à la profession tout entière.

On ne peut préciser catégoriquement tous les caractères distinctifs de chaque contrat ; ce sera l'œuvre de la jurisprudence.

Les raisons que j'ai indiquées dans le chapitre précédent pour déterminer les parties contractantes s'appliquent ici, quoique avec moins de force. Elles me semblent, cependant, en conserver assez pour que l'on réserve aux syndicats le droit de conclure des contrats d'établissements.

Mais comme les dispositions ne s'en étendent pas aux tiers, ni à titre d'usage, ni autrement, il n'y a pas lieu de requérir des parties une puissance économique quelconque.

C'est la seule discussion qui me paraît pouvoir soulever ce point, et elle rentre évidemment dans celle qui a été suivie précédemment.

§ 2. — Dispositions spéciales au Règlement d'atelier

J'ai reproduit ici, presque exactement, le texte du projet Doumergue, particulièrement bien étudié.

Il ne peut être question d'exiger pour le règlement d'atelier les accords exprès des autres conventions collectives. S'il existe un syndicat dans l'établissement, il est désirable qu'il soit appelé à en discuter les dispositions ; s'il n'en existe pas, il faut faire en sorte que la collectivité des employés soit appelée à donner son consentement, sinon formel, du moins tacite.

Ce but sera suffisamment atteint si l'employeur s'entend avec les représentants de ses employés. Dans ce cas, il conviendra d'instituer une délégation permanente pour contrôler l'exécution de ce qui aura été convenu. On contribuera ainsi à développer cette « organisation ouvrière » préconisée par un homme d'État considérable (1) et qui a rendu déjà de grands services (2).

Si le règlement d'atelier ne peut être élaboré d'accord avec les représentants des

---

(1) M. Millerand.

(2) Notamment au Creusot, depuis l'arbitrage de Waldeck-Rousseau.

employés, l'employeur l'arrêtera seul. Il ne faut point, alors, que ce soit par un acte despotique, car tous les contrats de travail s'en trouvent modifiés et on doit provoquer au moins une apparence de négociation.

En obligeant l'employeur à porter par voie d'affiche à la connaissance des intéressés les modifications qu'il propose aux conditions du travail, et en évitant ceux-ci à y faire leurs observations, on sauvegardera dans la mesure du possible le principe de la liberté des conventions.

§ 3. — Dispositions complémentaires

La plupart de ces dispositions sont d'ordre et ne méritent aucun commentaire.

Deux cependant doivent être signalées.

D'abord la dérogation à l'article 1006 du code de procédure civile (1) qui règle la procédure d'arbitrage. Aux termes de cet article, le compromis doit désigner les objets en litige. Il s'ensuit que l'on ne peut compromettre que sur un litige déjà né.

Tout le monde est d'accord pour désirer grandir le rôle de l'arbitre dans ce règlement des conflits du travail. En Australasie,

cauton de Genève ; au Canada, en Suède, la déclaration de grève doit être précédée dans plusieurs professions d'une tentative d'arbitrage ; en Angleterre, les *conciliations boards* (1) prennent une importance chaque jour plus grande (2).

Par une dérogation à l'article 1006 du code de procédure civile, dont notre législation contient d'ailleurs un précédent (3), on donnera à la clause compromissoire un caractère égal, on permettra aux parties de choisir d'avance leur juridiction, et le respect des décisions rendues en sera mieux assuré.

Enfin, si, comme il arrivera le plus souvent, les parties n'ont pas usé de ce droit, il faut donner à l'une des juridictions qui existent compétence pour connaître des litiges nés de la convention collective.

Il ne semble pas que la composition du tribunal de commerce soit propre à donner confiance aux employés non plus que celle du conseil des prud'hommes aux employeurs. Il serait très désirable d'introduire chez nous une institution judiciaire qui fonctionne dans plusieurs pays étrangers et qui a pour principe une composi-

tion mixte du tribunal ; les magistrats de carrière qui y figurent s'adjoignent des techniciens qui les éclairent au cours des délibérations. Qui ne voit combien une semblable juridiction aurait d'autorité pour juger les litiges relatifs au travail ?

En attendant qu'elle ait été organisée, c'est un tribunal civil qu'il convient d'attribuer compétence, sauf à simplifier les formalités trop compliquées de la procédure et à en réduire les longueurs.

D'ailleurs, son autorité sera généralement acceptée avec respect. En dépit de polémiques sans importance, justifiées, peut-être, par quelques défaillances individuelles, la magistrature française a conservé tout son prestige. Ce fait est remarquable dans une société dont les organes, faute d'avoir été renouvelés depuis plus d'un siècle, laissent voir trop d'usure à une critique sévère. Ici, un crédit si exceptionnel est mérité.

Sans doute, les décisions judiciaires ne sont pas toujours à l'abri de ce qu'on dénomme « l'esprit de classe » ; mais devant un texte formel, toutes les préférences s'inclinent. Si, dans la matière de la **convention collective**, le Parlement sait faire une loi précise et claire, elle sera obéie par les magistrats français avec toute la vigueur d'une intégrité professionnelle qui est leur séculaire apanage.

Gaston GROS.

---

(1) « Le compromis désignera les objets en litige et les noms des arbitres, à peine de nullité. » L'arbitrage est obligatoire, de même dans le

(1) Bureaux de conciliation.

(2) Voy. sur ce point *Rapp. au Congrès de Rouen*, p. 31 et s., 49 et s., 108 et s.

(3) Dans l'article 332 du c. de commerce, sur le contrat d'assurance maritime.